KB066245

investing notes

투자노트

초판 1쇄 발행 2021년 02월 15일
초판 2쇄 발행 2021년 02월 22일

지은이 이상우
제작 장지웅
편집 이상혁, 이병철
마케팅 이승아
디자인 강예리, 변지연

펴낸곳 ㈜이상미디랩
인쇄 ㈜재능인쇄
출판등록 2018년 10월 23일(제2018-000139호)
주소 서울시 영등포구 여의나루로 60 여의도우체국 여의도포스트타워 14층
전화 02-6952-5622
FAX 02-6952-4213
이메일 esangbook@lsinvest.co.kr

ISBN 979-11-970746-3-9 (03320)

investing notes

이상우 지음

이상미디랩

다른 사람의 투자 방식을 그대로 복제한 것이 아니라면
어떤 투자 철학도 하루 아침에, 아니 한두 해 정도의 짧은 시간에 완성될 수 없다.
자신이 저지른 실수로부터 배워 나가는
매우 고통스런 방법이 가장 좋은 투자 방법이다.

필립 피셔

저자의 말

세상에 잃어도 되는 돈은 없다

스마트폰에 깔린 MTS로 언제 어디서든 주식을 편하게 사고팔 수 있습니다. MTS에는 매매 내역과 수익률, 실현 이익 등의 정보가 자동으로 저장됩니다. 이렇게 편리한 상황에서 수고롭게 손으로 투자 노트를 쓰는 게 과연 필요한 것인지 반문하는 분이 있을지 모릅니다. 하지만 성공하는 투자 습관과 훈련은 투자 노트로만 익힐 수 있습니다. MTS에 수많은 정보가 쌓여도 활용하지 않는다면 아무런 소용이 없습니다. 수험생들이 정성스레 오답노트를 작성하는 건 틀린 문제를 완전히 정복하지 않는다면 다음 시험에서 또 틀린다는 것을 경험으로 알기 때문입니다. MTS에 축적되는 데이터를 믿고 그저 매매만 반복한다면 오늘의 투자 실패를 내일 또다시 반복하게 될 뿐입니다. 상한가 종목을 분석하며 이슈를 체크하는 투자 예습을 하고, 때론 뼈아픈 투자 실수마저도 뒤돌아보는 복습을 하면서 비로소 투자 우등생의 훈련을 몸에 익힐 수 있습니다.

세상에 잃어도 되는 돈은 없습니다. 생활에 타격을 입지 않는 소액으로 투자를 시작한다 해도, 투자자에게 있어 잃어도 되는 돈은 세상 그 어디에도 없습니다. 매일 곁에 두고 쓰면 쓸수록 투자는 훈련이 되고 실패는 경험이 되어 결국은 승리하는 투자로 내게 돌아옵니다. 1%의 수익이 복리로 돌아오듯, 하루 10분의 습관으로 투자노트를 기록하고 시장을 점검하는 훈련을 통해 우리는 비로소 지속 가능한 투자자의 삶을 살 수 있음을 확신합니다.
지난 18년간 주식시장에 머물면서 놀라울 정도의 수익도 경험해 보았고, 마음이 무너지는 실패 역시 경험해 봤지만 언제나 꿋꿋하게 다시 일어설 수 있는 힘이 되어 준 건 매일매일 손으로 써내려가며 몸에 익힌 투자의 감각과 다져진 훈련이었습니다. 저에게 강력한 무기가 된 성공 투자의 습관인 투자노트의 정수를 이 한 권에 담았습니다. 투자자 여러분 모두 성투하시기 바랍니다.

이상우

CONTENTS

증시캘린더

1분기

1월 바이든 취임

- **1일** 한국증권거래세 인하
- **1일** 영국 브렉시트 시행
- **3일** 미국 제117대 의회 출범
- **5일** 미국 조지아주 상원 결선 투표
- **11~14일** CES 2021
- **15일** 한국 금융통화위원회 정기회의
- **20일** 미국 46대 대통령 취임식
- **21일** BOJ 통화정책회의
- **21일** ECB 통화정책회의
- **27일** 미국 FOMC 통화정책회의
- **월 중** IMF/WB 세계경제전망

2월 백신

- **3일** 한국금융안정특별대출제도 만기
- **4일** BOE 통화정책회의
- **9일** MSCI 분기 리뷰
- **25일** 한국 금융통화위원회 정기회의
- **월 중** 연준 반기 의회 보고
- **월 중** FTSE 반기 리뷰
- **월 중** UN 환경총회
- **월 중** OPEC+ 회의
- **월 중** 한국 코로나19 백신 도입
- **월 중** 수소충전소 SPC 코하이젠 출범

3월 중국 양회

- **4일** 씨티그룹 한국투자자 컨퍼런스
- **4~5일** 중국 양회(전인대/정협) 개최
- **11일** ECB 통화정책회의
- **11일** 한국 선물, 옵션 동시 만기일
- **15일** 한국 공매도 금지 및 자기주식취득한도 확대 연장 종료
- **17일** 네덜란드 총선(하원)
- **17일** 미국 FOMC 통화정책회의
- **18일** BOE 통화정책회의
- **19일** BOJ 통화정책회의
- **25일** 한국 금융안정상황 점검회의
- **25~26일** EU 정상회담

2분기

4월 재보궐 선거

- **5~11일** IMF/WB 연례춘계회의
- **7일** 한국 재보궐 선거
- **15일** 한국 금융통화위원회
- **15~19일** 광저우 종합무역박람회
- **22일** ECB 통화정책회의
- **26일** UN 아시아·태평양 경제사회위원회
- **27일** BOJ 통화정책회의
- **29일** 미국 FOMC 통화정책회의
- **월 중** 중국 중앙정치국회의
- **월 중** 미국 재무부 환율보고서
- **월 중** IMF 세계경제전망

5월 포럼

- **6일** 영국 지방선거
- **6일** BOE 통화정책회의
- **11일** MSCI 반기 리뷰
- **17~20일** RSA 컨퍼런스
- **18~21일** 다보스 포럼
- **22~25일** 미국 소화기병학회(DDW)
- **24~28일** 세계산림총회
- **27일** 한국 금융통화위원회
- **월 중** 구글 I/O 2021
- **월 중** LA 오토쇼
- **월 중** IAEA 핵융합에너지 컨퍼런스

6월 중간 점검

- **4~8일** 미국임상종양학회
- **9~11일** 뮌헨 태양에너지박람회
- **10일** ECB 통화정책회의
- **10일** 한국 선물, 옵션 동시 만기일
- **17일** 미국 FOMC 통화정책회의
- **18일** BOJ 통화정책회의
- **22일** 한국 금융안정상황 점검회의
- **24일** BOE 통화정책회의
- **24~25일** EU 정상회담
- **월 중** Money Next Summit
- **월 중** WB/OECD 경제전망보고서

3분기

7월 도쿄 올림픽

1일	중국 공산당 창당 100주년
3일	독일 플라스틱 일회용품 판매 금지정책 시행
5일	로봇/AI 오사카 컨퍼런스
7일	국제 그린에너지 컨퍼런스
15일	한국 금융통화위원회
16일	BOJ 통화정책회의
22일	ECB 통화정책회의
23일	도쿄 하계올림픽 개막
29일	미국 FOMC 통화정책회의
월 중	연준 반기의회 보고
월 중	IMF 세계경제전망

8월 잭슨홀

5일	BOE 통화정책회의
9~10일	취리히 국제 빅데이터 컨퍼런스
11일	MSCI 분기 리뷰
15~18일	덴버 석유 및 가스 컨퍼런스
25~27일	쿠알라룸푸르 국제의약박람회
25~27일	상하이 국제배터리산업박람회
26일	한국 금융통화위원회
월 중	한국 2022년 예산안 발표
월 중	중국 베이다이허 회의
월 중	연준 잭슨홀 미팅
월 중	FTSE 반기 리뷰

9월 독일 총선

3~7일	IFA 2021 개최(독일 베를린)
5일	홍콩 입법회 선거
9일	ECB 통화정책회의
9일	한국 선물, 옵션 동시 만기일
14~30일	UN 총회
22일	BOJ 통화정책회의
23일	미국 FOMC 통화정책회의
23일	BOE 통화정책회의
24일	한국 금융안정상황 점검회의
26일	독일 총선
30일	구글플레이, 인앱결제 수수료 인상 유예기간 종료

4분기

10월 중국 국채 편입

1일	두바이 엑스포 개최
12일	한국 금융통화위원회
14~15일	EU 정상회담
22일	일본 총선
28일	ECB 통화정책회의
28일	BOJ 통화정책회의
30~31일	G20 정상회담
월 중	중국 국채, FTSE 러셀 WGBI 편입
월 중	중국 공산당 6중전회
월 중	미국 재무부 환율보고서
월 중	IMF 세계경제전망

11월 소비 시즌

1~12일	제26차 UN 기후변화협약 당사국총회
4일	미국 FOMC 통화정책회의
4일	BOE 통화정책회의
5~10일	중국 국제수입박람회(CIIE)
11일	MSCI 반기 리뷰
11일	중국 광군절
12일	G7 정상회담
25일	한국 금융통화위원회
26일	미국 블랙프라이데이
월 중	APEC 정상회의
월 중	OECD 경제전망보고서

12월 경제전망

9일	한국 선물, 옵션 동시 만기일
14~17일	UITP 국제대중교통전시회
16일	ECB 통화정책회의
16일	미국 FOMC 통화정책회의
16일	BOE 통화정책회의
17일	BOJ 통화정책회의
23일	한국 금융안정상황 점검회의
월 중	OPEC 정례회의
월 중	중국 경제공작회의
하반기 중	한국 법정 최고금리 인하
하반기 중	사전청약제도 시행

※ 일정은 변경될 수 있습니다.

2021

01 January

S	M	T	W	T	F	S
					1	2
3	4	5	6	7	8	9
10	11	12	13	14	15	16
17	18	19	20	21	22	23
24	25	26	27	28	29	30
31						

02 February

S	M	T	W	T	F	S
	1	2	3	4	5	6
7	8	9	10	11	12	13
14	15	16	17	18	19	20
21	22	23	24	25	26	27
28						

03 March

S	M	T	W	T	F	S
	1	2	3	4	5	6
7	8	9	10	11	12	13
14	15	16	17	18	19	20
21	22	23	24	25	26	27
28	29	30	31			

04 April

S	M	T	W	T	F	S
				1	2	3
4	5	6	7	8	9	10
11	12	13	14	15	16	17
18	19	20	21	22	23	24
25	26	27	28	29	30	

05 May

S	M	T	W	T	F	S
						1
2	3	4	5	6	7	8
9	10	11	12	13	14	15
16	17	18	19	20	21	22
23	24	25	26	27	28	29
30	31					

06 June

S	M	T	W	T	F	S
		1	2	3	4	5
6	7	8	9	10	11	12
13	14	15	16	17	18	19
20	21	22	23	24	25	26
27	28	29	30			

07 July

S	M	T	W	T	F	S
				1	2	3
4	5	6	7	8	9	10
11	12	13	14	15	16	17
18	19	20	21	22	23	24
25	26	27	28	29	30	31

08 August

S	M	T	W	T	F	S
1	2	3	4	5	6	7
8	9	10	11	12	13	14
15	16	17	18	19	20	21
22	23	24	25	26	27	28
29	30	31				

09 September

S	M	T	W	T	F	S
			1	2	3	4
5	6	7	8	9	10	11
12	13	14	15	16	17	18
19	20	21	22	23	24	25
26	27	28	29	30		

10 October

S	M	T	W	T	F	S
					1	2
3	4	5	6	7	8	9
10	11	12	13	14	15	16
17	18	19	20	21	22	23
24	25	26	27	28	29	30
31						

11 November

S	M	T	W	T	F	S
	1	2	3	4	5	6
7	8	9	10	11	12	13
14	15	16	17	18	19	20
21	22	23	24	25	26	27
28	29	30				

12 December

S	M	T	W	T	F	S
			1	2	3	4
5	6	7	8	9	10	11
12	13	14	15	16	17	18
19	20	21	22	23	24	25
26	27	28	29	30	31	

2022

01 January

S	M	T	W	T	F	S
						1
2	3	4	5	6	7	8
9	10	11	12	13	14	15
16	17	18	19	20	21	22
23	24	25	26	27	28	29
30	31					

02 February

S	M	T	W	T	F	S
		1	2	3	4	5
6	7	8	9	10	11	12
13	14	15	16	17	18	19
20	21	22	23	24	25	26
27	28					

03 March

S	M	T	W	T	F	S
		1	2	3	4	5
6	7	8	9	10	11	12
13	14	15	16	17	18	19
20	21	22	23	24	25	26
27	28	29	30	31		

04 April

S	M	T	W	T	F	S
					1	2
3	4	5	6	7	8	9
10	11	12	13	14	15	16
17	18	19	20	21	22	23
24	25	26	27	28	29	30

05 May

S	M	T	W	T	F	S
1	2	3	4	5	6	7
8	9	10	11	12	13	14
15	16	17	18	19	20	21
22	23	24	25	26	27	28
29	30	31				

06 June

S	M	T	W	T	F	S
			1	2	3	4
5	6	7	8	9	10	11
12	13	14	15	16	17	18
19	20	21	22	23	24	25
26	27	28	29	30		

07 July

S	M	T	W	T	F	S
					1	2
3	4	5	6	7	8	9
10	11	12	13	14	15	16
17	18	19	20	21	22	23
24	25	26	27	28	29	30
31						

08 August

S	M	T	W	T	F	S
	1	2	3	4	5	6
7	8	9	10	11	12	13
14	15	16	17	18	19	20
21	22	23	24	25	26	27
28	29	30	31			

09 September

S	M	T	W	T	F	S
				1	2	3
4	5	6	7	8	9	10
11	12	13	14	15	16	17
18	19	20	21	22	23	24
25	26	27	28	29	30	

10 October

S	M	T	W	T	F	S
						1
2	3	4	5	6	7	8
9	10	11	12	13	14	15
16	17	18	19	20	21	22
23	24	25	26	27	28	29
30	31					

11 November

S	M	T	W	T	F	S
		1	2	3	4	5
6	7	8	9	10	11	12
13	14	15	16	17	18	19
20	21	22	23	24	25	26
27	28	29	30			

12 December

S	M	T	W	T	F	S
				1	2	3
4	5	6	7	8	9	10
11	12	13	14	15	16	17
18	19	20	21	22	23	24
25	26	27	28	29	30	31

01 JANUARY

SUNDAY	MONDAY	TUESDAY	WEDNESDAY	THURSDAY
2020 12 S M T W T F S 1 2 3 4 5 6 7 8 9 10 11 12 13 14 15 16 17 18 19 20 21 22 23 24 25 26 27 28 29 30 31	02 S M T W T F S 1 2 3 4 5 6 7 8 9 10 11 12 13 14 15 16 17 18 19 20 21 22 23 24 25 26 27 28			
3 미국 제117대 의회 출범	4	5 소한 미국 조지아주 상원 결선 투표	6	7
10	11 CES 2021 (~14일)	12	13 음 12.1	14
17	18	19	20 대한 미국 46대 대통령 취임식	21 BOJ 통화정책회의 ECB 통화정책회의
24 31	25	26	27 음 12.15	28 미국 FOMC 통화정책회의

1월 키워드 바이든 취임

FRIDAY	SATURDAY
1 신정 한국증권거래세 인하 영국 브렉시트 시행	2
8	9
15 한국 금융통화위원회 정기회의	16
22	23
29	30

증시 일정 check!

☐ 월 중) IMF/WB 세계경제전망

02 FEBRUARY

SUNDAY	MONDAY	TUESDAY	WEDNESDAY	THURSDAY
	1	2	3 입춘 한국금융안정특별대출 제도 만기	4 BOE 통화정책회의
7	8	9 MSCI 분기 리뷰	10	11
14	15	16	17	18 우수
21	22	23	24	25 한국 금융통화위원회 정기회의
28 2·28 민주운동				

2월 키워드 백신

FRIDAY	SATURDAY
5	6
12 음 1.1 설날	13
19	20
26 음 1.15 정월 대보름	27

증시 일정 check!

- ☐ 월 중) 연준 반기 의회 보고
- ☐ 월 중) FTSE 반기 리뷰
- ☐ 월 중) UN 환경총회
- ☐ 월 중) OPEC+ 회의
- ☐ 월 중) 한국 코로나19 백신 도입
- ☐ 월 중) 수소충전소 SPC 코하이젠 출범

01

S	M	T	W	T	F	S
					1	2
3	4	5	6	7	8	9
10	11	12	13	14	15	16
17	18	19	20	21	22	23
24	25	26	27	28	29	30
31						

03

S	M	T	W	T	F	S
	1	2	3	4	5	6
7	8	9	10	11	12	13
14	15	16	17	18	19	20
21	22	23	24	25	26	27
28	29	30	31			

03 MARCH

SUNDAY	MONDAY	TUESDAY	WEDNESDAY	THURSDAY
	1 삼일절	2	3 납세자의 날	4 씨티그룹 한국투자자 컨퍼런스 중국 양회 (전인대/정협) 개최 (~5일)
7	8 3·8 민주의거 기념일	9	10	11 ECB 통화정책회의 한국 선물, 옵션 동시 만기일
14	15 3·15 의거 기념일 한국 공매도 금지 및 자기주식취득한도 확대 연장 종료	16	17 상공의 날 네덜란드 총선 (하원) 미국 FOMC 통화정책회의	18 BOE 통화정책회의
21	22 세계 물의 날	23	24	25 한국 금융안정상황 점검회의 EU 정상회담 (~26일)
28	29	30	31	

3월 키워드 중국 양회

FRIDAY	SATURDAY
5 경칩	6
12	13 음 2.1
19 BOJ 통화정책회의	20 춘분
26 서해수호의 날	27 음 2.15

02

S	M	T	W	T	F	S
	1	2	3	4	5	6
7	8	9	10	11	12	13
14	15	16	17	18	19	20
21	22	23	24	25	26	27
28						

04

S	M	T	W	T	F	S
				1	2	3
4	5	6	7	8	9	10
11	12	13	14	15	16	17
18	19	20	21	22	23	24
25	26	27	28	29	30	

증시 일정 check!

04 APRIL

SUNDAY	MONDAY	TUESDAY	WEDNESDAY	THURSDAY
03 S M T W T F S 1 2 3 4 5 6 7 8 9 10 11 12 13 14 15 16 17 18 19 20 21 22 23 24 25 26 27 28 29 30 31	**05** S M T W T F S 1 2 3 4 5 6 7 8 9 10 11 12 13 14 15 16 17 18 19 20 21 22 23 24 25 26 27 28 29 30 31			1 수산인의 날
4 청명	5 식목일 | 한식 IMF/WB 연례춘계회의 (~11일)	6	7 보건의 날 한국 재보궐 선거	8
11 임시정부 수립일	12 음 3.1	13	14	15 한국 금융통화위원회 광저우 종합무역박람회 (~19일)
18	19 4·19 혁명	20 장애인의 날 | 곡우	21 과학의 날	22 지구의 날 정보통신의 날 ECB 통화정책회의
25 법의 날	26 음 3.15 UN 아시아·태평양 경제사회위원회	27 BOJ 통화정책회의	28 충무공 탄신일	29 미국 FOMC 통화정책회의

4월 키워드 재보궐 선거

FRIDAY	SATURDAY
2 향토예비군의 날	3 4·3 희생자 추념일
9	10
16 국민안전의 날	17
23	24
30	

증시 일정 check!

- ☐ 월 중) 중국 중앙정치국회의
- ☐ 월 중) 미국 재무부 환율보고서
- ☐ 월 중) IMF 세계경제전망

05 MAY

04

S	M	T	W	T	F	S
				1	2	3
4	5	6	7	8	9	10
11	12	13	14	15	16	17
18	19	20	21	22	23	24
25	26	27	28	29	30	

06

S	M	T	W	T	F	S
		1	2	3	4	5
6	7	8	9	10	11	12
13	14	15	16	17	18	19
20	21	22	23	24	25	26
27	28	29	30			

SUNDAY	MONDAY	TUESDAY	WEDNESDAY	THURSDAY
2	3	4	5 어린이날 | 입하	6 영국 지방선거 BOE 통화정책회의
9	10 바다식목일 유권자의 날	11 MSCI 반기 리뷰	12 음 4.1	13
16	17 성년의 날 RSA 컨퍼런스 (~20일)	18 5·18 민주화운동 기념일 다보스 포럼 (~21일)	19 부처님 오신 날 발명의 날	20 세계인의 날
23	24 세계산림총회 (~28일)	25 방재의 날	26 음 4.15	27 한국 금융통화위원회
30	31 바다의 날			

5월 키워드 포럼

FRIDAY	SATURDAY
	1 근로자의 날
7	8 어버이날
14 식품안전의 날	15 스승의 날
21 부부의 날 l 소만	22 미국 소화기병학회 (DDW) (~25일)
28	29

증시 일정 check!

- □ 월 중) 구글 I/O 2021
- □ 월 중) LA 오토쇼
- □ 월 중) IAEA 핵융합에너지 컨퍼런스

06 JUNE

SUNDAY	MONDAY	TUESDAY	WEDNESDAY	THURSDAY
05 S M T W T F S 1 2 3 4 5 6 7 8 9 10 11 12 13 14 15 16 17 18 19 20 21 22 23 24 25 26 27 28 29 30 31	**07** S M T W T F S 1 2 3 4 5 6 7 8 9 10 11 12 13 14 15 16 17 18 19 20 21 22 23 24 25 26 27 28 29 30 31	1 의병의 날	2	3
6 현충일	7	8	9 뮌헨 태양에너지박람회 (~11일)	10 음 5.1 6·10 민주항쟁 기념일 ECB 통화정책회의 한국 선물, 옵션 동시 만기일
13	14 단오	15 노인학대 예방의 날	16	17 미국 FOMC 통화정책회의
20	21 하지	22 한국 금융안정상황 점검회의	23	24 음 5.15 BOE 통화정책회의 EU 정상회담 (~25일)
27	28 철도의 날	29	30	

6월 키워드 중간 점검

FRIDAY	SATURDAY
4 ㅣ미국임상종양학회(~8일)	5 환경의 날 ㅣ 망종
11	12
18 ㅣBOJ 통화정책회의	19
25 6·25 한국전쟁	26

증시 일정 check!

- ☐ 월 중) Money Next Summit
- ☐ 월 중) WB/OECD 경제전망보고서

07 JULY

SUNDAY	MONDAY	TUESDAY	WEDNESDAY	THURSDAY
06 S M T W T F S 1 2 3 4 5 6 7 8 9 10 11 12 13 14 15 16 17 18 19 20 21 22 23 24 25 26 27 28 29 30	**08** S M T W T F S 1 2 3 4 5 6 7 8 9 10 11 12 13 14 15 16 17 18 19 20 21 22 23 24 25 26 27 28 29 30 31			1 중국 공산당 창당 100주년
4	5 로봇/AI 오사카 컨퍼런스	6	7 소서 국제 그린에너지 컨퍼런스	8
11 초복	12	13	14 정보보호의 날	15 한국 금융통화위원회
18	19	20	21 중복	22 대서 ECB 통화정책회의
25	26	27	28	29 미국 FOMC 통화정책회의

7월 키워드 도쿄 올림픽

FRIDAY	SATURDAY
2	3 독일 플라스틱 일회용품 판매 금지정책 시행
9	10 음 6.1
16 BOJ 통화정책회의	17 제헌절
23 도쿄 하계올림픽 개막	24 음 6.15 유두절
30	31

증시 일정 check!

- ☐ 월 중) 연준 반기의회 보고
- ☐ 월 중) IMF 세계경제전망

08 AUGUST

SUNDAY	MONDAY	TUESDAY	WEDNESDAY	THURSDAY
1	2	3	4	5 BOE 통화정책회의
8 음 7.1	9 취리히 국제 빅데이터 컨퍼런스 (~10일)	10 말복	11 MSCI 분기 리뷰	12
15 광복절 덴버 석유 및 가스 컨퍼런스 (~18일)	16	17	18	19
22 음 7.15	23 처서	24	25 쿠알라룸푸르 국제의약박람회 (~27일) 상하이 국제배터리산업 박람회 (~27일)	26 한국 금융통화위원회
29	30	31		

8월 키워드 잭슨홀

FRIDAY	SATURDAY
6	7 입추
13	14 칠석
20	21
27	28

07

S	M	T	W	T	F	S
				1	2	3
4	5	6	7	8	9	10
11	12	13	14	15	16	17
18	19	20	21	22	23	24
25	26	27	28	29	30	31

09

S	M	T	W	T	F	S
			1	2	3	4
5	6	7	8	9	10	11
12	13	14	15	16	17	18
19	20	21	22	23	24	25
26	27	28	29	30		

증시 일정 check!

- ☐ 월 중) 한국 2022년 예산안 발표
- ☐ 월 중) 중국 베이다이허 회의
- ☐ 월 중) 연준 잭슨홀 미팅
- ☐ 월 중) FTSE 반기 리뷰

09 SEPTEMBER

SUNDAY	MONDAY	TUESDAY	WEDNESDAY	THURSDAY
08 S M T W T F S 1 2 3 4 5 6 7 8 9 10 11 12 13 14 15 16 17 18 19 20 21 22 23 24 25 26 27 28 29 30 31	**10** S M T W T F S 1 2 3 4 5 6 7 8 9 10 11 12 13 14 15 16 17 18 19 20 21 22 23 24 25 26 27 28 29 30 31		1	2
5 홍콩 입법회 선거	6	7 음 8.1 백로 | 푸른하늘의 날	8	9 ECB 통화정책회의 한국 선물, 옵션 동시 만기일
12	13	14 UN 총회 (~30일)	15	16
19	20	21 음 8.15 추석 | 치매극복의 날	22 BOJ 통화정책회의	23 추분 미국 FOMC 통화정책회의 BOE 통화정책회의
26 독일 총선	27	28	29	30 구글플레이, 인앱결제 수수료 인상 유예기간 종료

9월 키워드 독일 총선

FRIDAY	SATURDAY
3 IFA 2021 개최 (독일 베를린) (~7일)	4 지식재산의 날
10 9·10 해양경찰의 날	11
17	18 청년의 날
24 한국 금융안정상황 점검회의	25

증시 일정 check!

10 OCTOBER

09

S	M	T	W	T	F	S
			1	2	3	4
5	6	7	8	9	10	11
12	13	14	15	16	17	18
19	20	21	22	23	24	25
26	27	28	29	30		

11

S	M	T	W	T	F	S
	1	2	3	4	5	6
7	8	9	10	11	12	13
14	15	16	17	18	19	20
21	22	23	24	25	26	27
28	29	30				

SUNDAY	MONDAY	TUESDAY	WEDNESDAY	THURSDAY
3 개천절	4	5 세계 한인의 날	6 음 9.1	7
10	11	12 한국 금융통화위원회	13	14 중양절 EU 정상회담 (~15일)
17	18	19	20 음 9.15	21 경찰의 날
24 국제연합일 31	25 독도의 날	26 금융의 날	27	28 교정의 날 ECB 통화정책회의 BOJ 통화정책회의

10월 키워드 중국 국채 편입

FRIDAY	SATURDAY
1 국군의 날 ㅣ두바이 엑스포 개최	2 노인의 날
8 한로 ㅣ 재향 군인의 날	9 한글날
15 체육의 날	16 부마민주항쟁 문화의 날
22 ㅣ일본 총선	23 상강
29 지방자치의 날	30 ㅣG20 정상회담 (~31일)

증시 일정 check!

- ☐ 월 중) 중국 국채, FTSE 러셀 WGBI 편입
- ☐ 월 중) 중국 공산당 6중전회
- ☐ 월 중) 미국 재무부 환율보고서
- ☐ 월 중) IMF 세계경제전망

11 NOVEMBER

SUNDAY	MONDAY	TUESDAY	WEDNESDAY	THURSDAY
	1 제26차 UN 기후변화협약 당사국총회 (~12일)	2	3 학생 독립운동 기념일	4 점자의 날 미국 FOMC 통화정책회의 BOE 통화정책회의
7 입동	8	9 소방의 날	10	11 농업인의 날 | 보행자의 날 유엔참전용사 국제추모식 MSCI 반기 리뷰 중국 광군절
14	15	16	17 순국선열의 날	18
21	22 소설	23	24	25 한국 11월 금융통화위원회
28	29	30		

11월 키워드 소비 시즌

FRIDAY	SATURDAY
5 음 10.1 소상공인의 날 중국 국제수입박람회 (CIIE) (~10일)	6
12 G7 정상회담	13
19 음 10.15 아동학대 예방의 날	20
26 미국 블랙프라이데이	27

10

S	M	T	W	T	F	S
					1	2
3	4	5	6	7	8	9
10	11	12	13	14	15	16
17	18	19	20	21	22	23
24	25	26	27	28	29	30
31						

12

S	M	T	W	T	F	S
			1	2	3	4
5	6	7	8	9	10	11
12	13	14	15	16	17	18
19	20	21	22	23	24	25
26	27	28	29	30	31	

증시 일정 check!

- ☐ 월 중) APEC 정상회의
- ☐ 월 중) OECD 경제전망보고서

12 DECEMBER

SUNDAY	MONDAY	TUESDAY	WEDNESDAY	THURSDAY
11 S M T W T F S 1 2 3 4 5 6 7 8 9 10 11 12 13 14 15 16 17 18 19 20 21 22 23 24 25 26 27 28 29 30	2022 01 S M T W T F S 1 2 3 4 5 6 7 8 9 10 11 12 13 14 15 16 17 18 19 20 21 22 23 24 25 26 27 28 29 30 31		1	2
5 무역의 날	6	7 대설	8	9 한국 선물, 옵션 동시 만기일
12	13	14 UITP 국제대중교통 전시회 (~17일)	15	16 ECB 통화정책회의 미국 FOMC 통화정책회의 BOE 통화정책회의
19	20	21	22 동지	23 한국 금융안정상황 점검회의
26	27 원자력의 날	28	29	30

12월 키워드 경제전망

FRIDAY	SATURDAY
3 소비자의 날	4 음 11.1
10	11
17 BOJ 통화정책회의	18 음 11.15
24	25 성탄절
31	

증시 일정 check!

- ☐ 월 중) OPEC 정례회의
- ☐ 월 중) 중국 경제공작회의
- ☐ 하반기 중) 한국 법정 최고금리 인하
- ☐ 하반기 중) 사전청약제도 시행

1월 테마

테마	구분	관련 종목
제설 / 블랙아이스	염화칼슘	켐트로스, 태경비케이, LG화학, OCI
	제설장비	대동공업(소형), 광림(제설차 생산/판매)
	기술개발	팅크웨어(도로표면 온도변화 패턴 예측기술 개발)
	제설제	유진기업(액상 형태의 친환경제설제 특허)
조류 독감	의약품 /치료제	제일바이오, 에이프로젠제약, 이글벳, 넥스트BT, 대성미생물, 대한뉴팜, 중앙백신, 이지바이오, 진바이오텍(조류독감 소독제)
	스마트팜	체리부로
	사료	우성사료, 한일사료(돼지, 소 사육 늘어남)
	대체식품	동원수산, 신라에스지, CJ씨푸드
구제역	의약품	대성미생물
	소독제	우성사료, 우진비앤지
	대체식품	정다운, CJ씨푸드, 동우팜투테이블, 사조오양, 신라교역, 마니커, 동원산업, 신라에스지, 하림, 동원수산, 이지홀딩스, 사조대림, 사조산업, 팜스토리, 한일사료(자회사: 케이미트 보유, 유통)
	그 외 제품	태경비케이(생석회)
도시 가스	도시가스 공급업체	대성에너지(대구, 경북 지역) / 삼천리(경기 및 인천 일부지역) / 지에스이(경남 일부) / 부산가스(부산 지역) / 서울가스(서울 및 경기 일부지역) / 인천도시가스(인천 지역) / 경동도시가스(울산 및 양산) / SK가스(LPG전문업) / 한국도시가스(도매업) / 대성홀딩스(지분: 대성에너지 70%, 서울가스 22% 소유)
게임		엔씨소프트, 넷마블, 펄어비스, 컴투스, NHN, 더블유게임즈, 웹젠, 네오위즈, 위메이드, 골프존
난방	난방기	위닉스, 신일전자, 파세코, 부스타
	보일러	경동나비엔
	부품	유니크

2월 테마 | 설날/춘절

택배 / 물류	현대글로비스, CJ대한통운, 한진, 인터지스, 세방, 동방, 한솔로지스틱스, KCTC, 한익스프레스, SG&G, 유성티엔에스(철강재), 삼일(철강제품), 선광, GS, 태림포장(자회사: 동림로지스틱)
전자 결제	KG이니시스, NHN한국사이버결제, 인포뱅크, 다날, KG모빌리언스, 코리아센터, 갤럭시아컴즈, 한국정보통신, SBI핀테크솔루션즈
화장품	아모레G, SK바이오랜드(원료), LG생활건강, 한국콜마홀딩스, MP한강, 아모레퍼시픽, 토니모리, 한국화장품, 한국화장품제조(색조), 코리아나, YG PLUS, 잇츠환불, 에이블씨엔씨, 클리오, 강스템바이오텍, 글로본, 네이처셀
면세점	현대백화점, 호텔신라, 신세계, 토니모리(지분), 하나투어, 제이에스티나, JTC, 글로벌텍스프리, HDC
홈 / 온라인 쇼핑	GS홈쇼핑, 현대홈쇼핑, 롯데쇼핑, CJ ENM, 태광산업, 엔에스쇼핑, 다나와, NAVER, 카카오, GS리테일

3월 테마

황사 / 미세먼지	파세코, 위닉스, 코웨이, 상아프론테크, 크린앤사이언스, 락앤락, 한국테크놀로지, 휴비츠, 케이엠, 롯데하이마트, 웰크론, 모나리자, 포스코ICT, 디에이치피코리아, 위니아딤채, 누리플랜, 성창오토텍, 오공, 하츠, 나노, KC코트렐, 비디아이, 보령제약, 국제약품, JW중외제약, 삼일제약, 안국약품, 에스디생명과학, 윌비스, 에스피지
등교 개학	모나미(볼펜), 형지엘리트(교복), 아즈텍WB(교복), 형지I&C(교복), 한국팩키지(우유팩), 우양(급식), 아이쓰리시스템(열화상카메라)
마스크	웰크론, JW중외제약, 녹십자엠에스, 쌍방울, 모나리자, 레몬, 엔바이오니아, 케이피엠테크, 국제약품, 깨끗한나라, 한송네오텍, 에스디생명과학, 케이엠, 크리앤사이언스
손세정제 / 소독제	MH에탄올, 승일, 한국알콜, 창해에탄올, 파루, 진로발효, 지티지웰비스, 보락, 네오팜, 고려제약
공기 청정기	파세코, 위닉스, 크린앤사이언스, 오텍, 성호전자, 카스, 위니아딤채, 신일전자, 코웨이, 에스피지, 삼성전자, 쿠쿠홈시스, LG전자

4월 테마

황사 / 미세먼지		파세코, 위닉스, 코웨이, 상아프론테크, 크린앤사이언스, 락앤락, 한국테크놀로지, 휴비츠, 케이엠, 롯데하이마트, 웰크론, 모나리자, 포스코ICT, 디에이치피코리아, 위니아딤채, 누리플랜, 성창오토텍, 오공, 하츠, 나노, KC코트렐, 비디아이, 보령제약, 국제약품, JW중외제약, 삼일제약, 안국약품, 에스디생명과학, 윌비스, 에스피지
농업	비료	효성오앤이, 농우바이오, 성보화학, 아세아텍, 동방아그로, 아시아종묘, 조비, 롯데정말화학, KG케미칼, 카프로, 남해화학, 대동공업, 대유, 경농, 골든센츄리
	사료	우성사료, 현대사료, CJ제일제당, 팜스토리, 대한제당, 한일사료, 한탑, 고려산업, 이지바이오, 대주산업
마스크		웰크론, JW중외제약, 녹십자엠에스, 쌍방울, 모나리자, 레몬, 엔바이오니아, 케이피엠테크, 국제약품, 깨끗한나라, 한송네오텍, 에스디생명과학, 케이엠, 크리앤사이언스
손세정제 / 소독제		MH에탄올, 승일, 한국알콜, 창해에탄올, 파루, 진로발효, 지티지웰비스, 보락, 네오팜, 고려제약
공기 청정기		파세코, 위닉스, 크린앤사이언스, 오텍, 성호전자, 카스, 위니아딤채, 신일전자, 코웨이, 에스피지, 삼성전자, 쿠쿠홈시스, LG전자

5월 테마

쇼핑	홈쇼핑 온라인	GS홈쇼핑, 현대홈쇼핑, 롯데쇼핑, CJ ENM, 태광산업, 엔에스쇼핑, 다나와, NAVER, 카카오, GS리테일
	백화점	신세계, 광주신세계, 대구백화점, 현대백화점, 롯데쇼핑, 베뉴지, 롯데하이마트
여행/항공	여행	하나투어, 모두투어, 노랑풍선, 참좋은여행, 인터파크, 레드캡투어, SM C&C, 롯데관광개발, 세중
	항공	아시아나항공, 아시아나IDT, 대한항공, 대한항공우, 한진칼, 진에어, 티웨이항공, 티웨이홀딩스, 제주항공, 에어부산, AK홀딩스
살인진드기		진원생명과학, 필로시스헬스케어, 동성제약, 크린앤사이언스, 보령제약, 승일, 웰크론, 녹십자, 대한뉴팜
	그 외 참고	제일바이오, 이글벳, 파루, 중앙백신, 큐브앤컴퍼니, 에스텍파마 등 차트 확인 필요

어린이날		손오공, 오로라, WI, 데브시스터즈, 케리소프트, 대원미디어, 유진로봇, 이월드, 헝성그룹, 쌍방울
어버이날	**보톡스**	휴젤, 알에프텍, 대웅제약, 휴온스, 휴온스글로벌, 메디톡스, 제테마, 파마리서치프로덕트, 종근당, 한국비엔씨
	치매	퓨쳐켐, 메디포스트, 메디포럼제약, SK케미칼, 펩트론, 신신제약, 고려제약, 명문제약, 메디프론, 환인제약, 대웅제약, 네이처셀, 종근당, 유한양행, 삼진제약, 모나리자, 유유제약, 바이오스마트, 씨티씨바이오, 일진홀딩스, 켐온, 엔에스엔, 젬백스, 일동제약, 동아에스티, 보령제약, 이연제약, 현대약품, 대화제약, 진양제약, 화일약품, 피씨엘, 배럴, 아이큐어, 동구바이오제약, 에이비엘바이오, 수젠텍, 리메트
	건강식약품	경남제약, 에이치엘사이언스, 광동제약, LG생활건강, 오리온, 유한양행, 안국약품, 종근당홀딩스, 종근당바이오, 네오크레마, 넥스트BT, GC녹십자, 녹십자웰빙, 팜스빌, 휴온스, 에이치피오, KT&G, 셀바이오텍, 바이오니아, 씨티씨바이오, 우리바이오, 콜마비앤에이치, 노바렉스, 서흥, 뉴트리, 코스맥스비티아이, 코스맥스엔비티, 비피도, 내츄럴엔도텍, 일동제약, CJ제일제당, 농심, 동원산업, 동원F&B, 동원수산, 고려제약, 대화제약, 한독(한독약품), 부광약품, 동아쏘시오홀딩스(동아제약), 삼아제약, 메디포스트, 조아제약, 알리코제약, 우리들제약, 삼성제약, 휴메딕스, 대상홀딩스

6월 테마

태풍/장마	**폐기물**	인선이엔티, 코엔텍, 티와이홀딩스, SK, 아이에스동서
	농약/비료	동방아그로, 조비, 경농, 남해화학, 롯데정밀화학, 대동공업, 동양물산
에어컨 / 여름냉방기		위니아딤채, 에쎈테크, 파세코, 에스씨디, 위닉스, 크린앤사이언스, 신일전자, 비엠티, 롯데하이마트, 에스피지
빙과류 / 아이스크림		빙그레, 롯데푸드, 롯데제과

7월 테마

<table>
<tr><td>복날</td><td colspan="3">하림, 마니커에프앤지, 마니커, 체리부로, 이지홀딩스, 팜스토리, 동우팜투테이블, 푸드나무, CJ씨푸드</td></tr>
<tr><td rowspan="5">방학</td><td>온라인 교육</td><td colspan="2">YBN넷, NE능률, 메가엠디, 디지털대성, 이퓨처, 아이스크림에듀, 메가스터디교육</td></tr>
<tr><td rowspan="4">게임</td><td>온라인</td><td>엔씨소프트, 네오위즈, 한빛소프트, 위메이드, 엠게임, 넥슨지티, 조이시티, 플레이위드, 손오공, 네오위즈홀딩스, 펄어비스</td></tr>
<tr><td>온라인 모바일</td><td>조이맥스, 드래곤플라이, 액토즈소프트, 웹젠, 바른손이앤에이, 이스트소프트, 대원미디어, NHN, 미투온, 넵튠, 넷마블, 엔터메이트, SNK</td></tr>
<tr><td>모바일</td><td>NAVER, 컴투스, 게임빌, 선데이토즈, 더블유게임즈, 골드퍼시픽</td></tr>
<tr><td>기타</td><td>다날</td></tr>
<tr><td rowspan="2">여행/항공</td><td>여행</td><td colspan="2">하나투어, 모두투어, 노랑풍선, 참좋은여행, 인터파크, 레드캡투어, SM C&C, 롯데관광개발, 세중</td></tr>
<tr><td>항공</td><td colspan="2">아시아나항공, 아시아나IDT, 대한항공, 대한항공우, 한진칼, 진에어, 티웨이항공, 티웨이홀딩스, 제주항공, 에어부산, AK홀딩스</td></tr>
<tr><td>면세점</td><td colspan="3">현대백화점, 호텔신라, 신세계, 토니모리, 하나투어, 제이에스티나, JTC, 글로벌텍스트리, HDC</td></tr>
</table>

8월 테마

태풍 / 장마	폐기물	제넨바이오, 코엔텍, 태영건설, KGETS, 에코마이스터, 인선이엔티, KC그린홀딩스, 와이엔텍, 한솔홀딩스, 서한
	농업	효성오앤비, 조비, 남해화학, 대유, 카프로, 태경비케이, KG케미칼, 태원물산, 경농, 아세아텍, 아시아종묘, 농우바이오, 성보화학, 동방아그로, 골든센츄리, 대동기어, 대동금속, 동양물산
	한타 바이러스	녹십자셀, 코미팜, 이글벳, 우진비앤지, 체시스, 제일바이오
	방역	인트로메딕, 서울바이오시스, 우정바이오, 수젠텍, 씨티씨바이오, 파루(테마)
인공강우		태경화학, 우리기술, 자연과환경, 시노펙스, 웰크론한텍, CSA코스믹, 두산중공업
스마트 그리드		한국전력, 한화솔루션, 씨에스윈드, LS, 삼성SDI, 세방전지, 피엔티, LG화학, KT, 카카오, 네이버, SKT, 포스코ICT
에어컨 / 여름냉방기		위니아딤채, 에쎈테크, 파세코, 에스씨디, 위닉스, 크리앤사이언스, 신일전자, 비엠티, 롯데하이마트, 에스피지

9월 테마 | 추석/중추절

테마		관련 종목
밥솥		PN풍년, 윌링스, 어보브반도체, 쿠쿠홀딩스, 신일전자
택배/물류		현대글로버스, CJ대한통운, 한진, 인터지스, 세방, 동방, 한솔로지스틱스, KCTC, 한익스프레스, SG&G, 유성티엔에스(철강재), 삼일(철강제품), 선광, GS, 태림포장(자회사: 동림로지스틱)
전자결제		KG이니시스, NHN한국사이버결제, 인포뱅크, 다날, KG모빌리언스, 코리아센터, 갤럭시아컴즈, 한국정보통신, SBI핀테크솔루션즈
여행 / 항공	여행	하나투어, 모두투어, 노랑풍선, 참좋은여행, 인터파크, 레드캡투어, SM C&C, 롯데관광개발, 세중
	항공	아시아나항공, 아시아나IDT, 대한항공, 대한항공우, 한진칼, 진에어, 티웨이항공, 티웨이홀딩스, 제주항공, 에어부산, AK홀딩스
화장품		아모레G, SK바이오랜드(원료), LG생활건강, 한국콜마홀딩스, MP한강, 아모레퍼시픽, 토니모리, 한국화장품, 한국화장품제조(색조), 코리아나, YG PLUS, 잇츠환불, 에이블씨엔씨, 클리오, 강스템바이오텍, 글로본, 네이처셀
면세점		현대백화점, 호텔신라, 신세계, 토니모리(지분), 하나투어, 제이에스티나, JTC, 글로벌텍스프리, HDC
쇼핑		GS홈쇼핑, 현대홈쇼핑, 롯데쇼핑, CJ ENM, 태광산업, 엔에스쇼핑, 다나와, NAVER, 카카오, GS리테일

10월 테마

테마	구분	종목
조류독감	의약품 백신	제일바이오, 에이프로젠제약, 이글벳, 넥스트BT, 대성미생물, 대한뉴팜, 중앙백신, 이지바이오
	소독제	진바이오텍
	대체식품	동원수산, 신라에스지, CJ씨푸드
	사료	(소, 돼지) 우성사료, 한일사료
	기타	체리부로(조류독감을 예방할 수 있는 스마트팜 구축)
구제역	의약품 백신	대성미생물, 중앙백신, 이지바이오
	소독제	우성사료, 우진비앤지
	대체식품	정다운, CJ씨푸드, 동우팜투테이블, 사조오양, 신라교역, 마니커, 동원산업, 신라에스지, 하림, 동원수산, 이지홀딩스, 사조대림, 사조산업, 팜스토리, 한일사료(자회사: 케이미트 보유, 유통)
	기타	태경비케이(생석회)
동물백신 / 동물의약품		제일바이오, 체시스, 대성미생물, 오디텍, 코미팜, 진바이오텍, 경동인베스트, 우진비앤지, 중앙백신, 태경산업, 대한뉴팜, 씨티씨바이오, 태경화학, 수젠텍, 이글벳, 에이프로젠제약, 넥스트BT
독감백신 (사람)		녹십자, SK케미칼, JW중외제약, 일양약품, 보령제약, 동아에스티, LG화학, 한미약품
진드기		진원생명과학, 필로시스헬스케어, 동성제약, 크린앤사이언스, 보령제약, 승일, 웰크론, 녹십자, 대한뉴팜
	그 외 참고	제일바이오, 이글벳, 파루, 중앙백신, 큐브앤컴퍼니, 에스텍파마 등 차트 확인 필요
수능 관련 교육		UCI, DB, 씨엠에스에듀, YBM넷, 청담러닝, 이퓨쳐, 메가스터디교육, 디지털대성, 비상교육, 대교, 웅진씽크빅, 윌비스, NE능률, SGA, 멀티캠퍼스, 정상제이엘에스

11월 테마

소비	화장품	신세계, 현대백화점, 현대홈쇼핑, CJ ENM, GS홈쇼핑, 호텔신라, 한국콜마, LG생활건강, 아모레퍼시픽, 한국화장품제조, 코리아나, 잇츠한불
	택배/물류	SM Life Design, JYP Ent
전자결제		KG이니시스, NHN한국사이버결제, 인포뱅크, 다날, KG모빌리언스, 코리아센터, 갤럭시아컴즈, 한국정보통신, SBI핀테크솔루션즈
스마트 그리드		한국전력, 한화솔루션, 씨에스윈드, LS, 삼성SDI, 세방전지, 피엔티, LG화학, KT, 카카오, 네이버, SKT, 포스코ICT
수능교육		UC, DB, 씨엠에스에듀, YBM넷, 청담러닝, 이퓨쳐, 메가스터디교육, 디지털대성, 비상교육, 대교, 메가엠디, 윌비스, NE능률, SGA, 멀티캠퍼스, 정상제이엘에스
독감백신		녹십자, SK케미칼, JW중외제약, 일양약품, 보령제약, 동아에스티, LG화학, 한미약품
난방기	난방기	위닉스, 신일전자, 파세코, 부스타
	보일러	경동나비엔
	부품	유니크
겨울의류		영원무역, 코웰패션, F&F, 신성통상, 신세계인터내셔날, 더네이쳐홀딩스, 태평양물산, 한세실업

12월 테마

테마			종목
제설 / 블랙아이스			켐트루스, 태경비케이, 대동공업, 팅크웨어, 유진기업, 광림, LG화학
크리스마스			오로라, 손오공, CJ CGV, 토박스코리아, 삼성출판사
택배/물류			현대글로비스, CJ대한통운, 한진, 인터지스, 세방, 동방, 한솔로지스틱스, KCTC, 한익스프레스, SG&G, 유성티엔에스(철강재), 삼일(철강제품), 선광, GS, 태림포장(자회사: 동림로지스틱)
방학	온라인 교육		YBM넷, NE능률, 메가엠디, 디지털대성, 이퓨쳐, 아이스크림에듀, 메가스터디교육
	게임	온라인	엔씨소프트, 네오위즈, 한빛소프트, 위메이드, 엠게임, 넥슨지티, 조이시티, 플레이위드, 손오공, 네오위즈홀딩스, 펄어비스
		온라인 모바일	조이맥스, 드래곤플라이, 액토즈소프트, 웹젠, 바른손이앤에이, 이스트소프트, 대원미디어, NHN, 미투온, 넵튠, 넷마블, 엔터메이트, SNK
		모바일	NAVER, 컴투스, 게임빌, 선데이토즈, 더블유게임즈, 골드퍼시픽
여행/항공	여행		하나투어, 모두투어, 노랑풍선, 참좋은여행, 인터파크, 레드캡투어, SM C&C, 롯데관광개발, 세중
	항공		아시아나항공, 아시아나IDT, 대한항공, 대한항공우, 한진칼, 진에어, 티웨이항공, 티웨이홀딩스, 제주항공, 에어부산, AK홀딩스

산업별 테마

• 기아차 • 현대차
전기차
• 현대모비스 • 현대위아
• 한온시스템 • 성창오토텍
• LS ELECTRIC • 삼화콘덴서
• 엠에스오토텍 • 만도
• 센트랄모텍 • 명신산업
• 인지컨트롤스
전기차 부품
• LG화학 • 삼성SDI
• SK이노베이션
2차전지
• 솔브레인 • 솔루스첨단소재
• 포스코케미칼 • 솔브레인
• 엘앤에프 • 에코프로비엠
• 후성 • 코스모신소재
• 켐트로스 • 일진머티리얼즈
• SKC • 천보 • 대주전자재료
소재
• 아이티엠반도 • 알루코
• 유에스티 • 상신이디피
• 상아프론테크 • 나라엠앤디
• 파워로직스 • 테이팩스
부품
• 디에이테크놀로지 • 피엔티
• 브이원텍 • 필옵틱스
• 나인테크 • 하나기술
• 엠플러스 • 이노메트리
• 피앤이솔루션 • 씨아이에스
장비

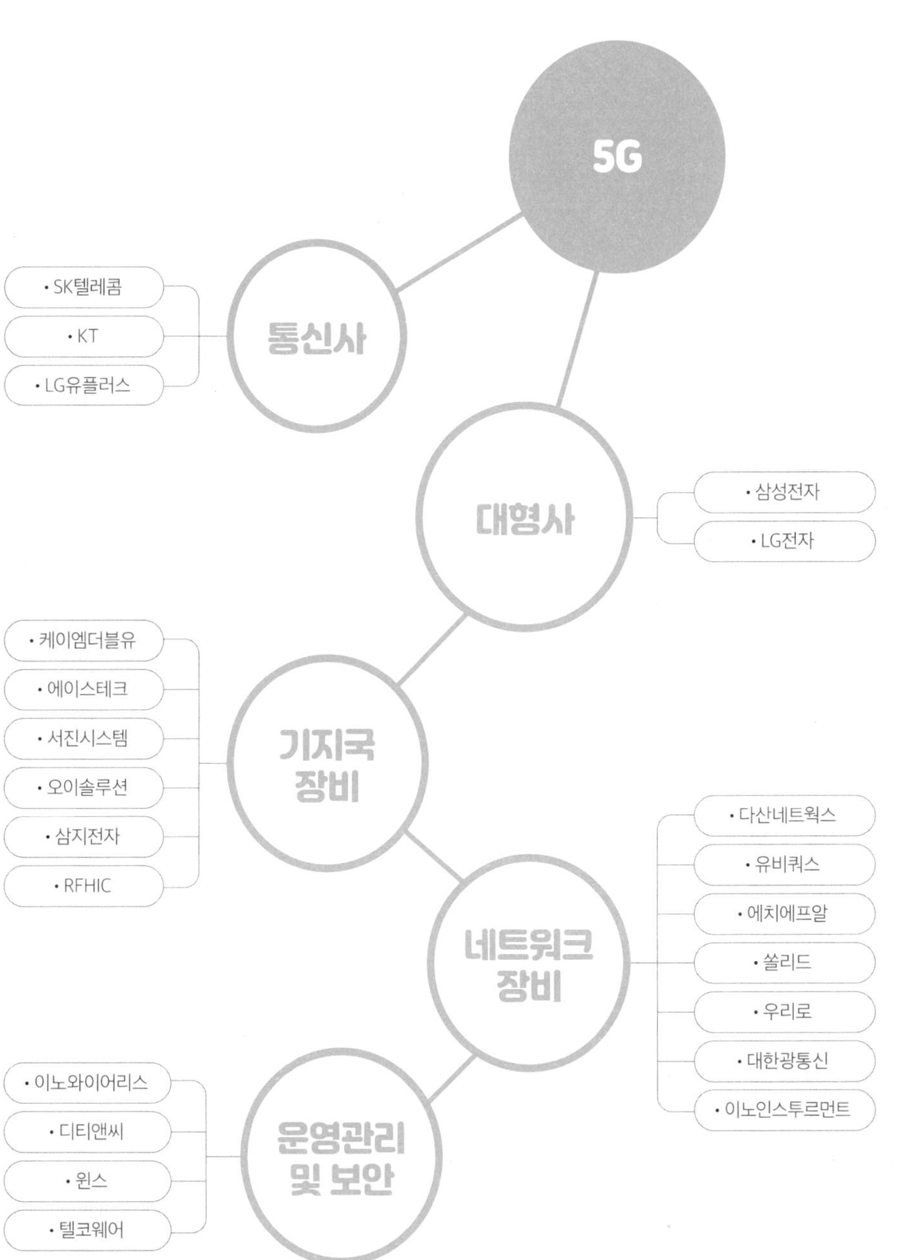
5G
통신사
• SK텔레콤
• KT
• LG유플러스
대형사
• 삼성전자
• LG전자
기지국 장비
• 케이엠더블유
• 에이스테크
• 서진시스템
• 오이솔루션
• 삼지전자
• RFHIC
네트워크 장비
• 다산네트웍스
• 유비쿼스
• 에치에프알
• 쏠리드
• 우리로
• 대한광통신
• 이노인스트루먼트
운영관리 및 보안
• 이노와이어리스
• 디티앤씨
• 윈스
• 텔코웨어

산업별 테마

수소차
• 기아차
• 현대차
수소차 인프라
• 이엠코리아
• 엔케이
• 현대제철
• 효성중공업
전장부품
• LG전자
• 현대모비스
• 삼화전자
• 삼화전기
• 뉴로스
• 뉴인텍
• S&T모티브
운전장치
• 한온시스템
• 우리산업
• 지엠비코리아
• 대우부품
연료전지 스택
• 현대모비스
• 현대제철
• 상아프론테크
• 동아화성
수소 저장장치
• 일진다이아
• EG
• 유니크
• 세종공업
기타
• 풍구주정
• 인지컨트롤스
• 효성첨단소재
• 두산퓨얼셀
• 현대로템
• 에스퓨얼셀
• 한화솔루션

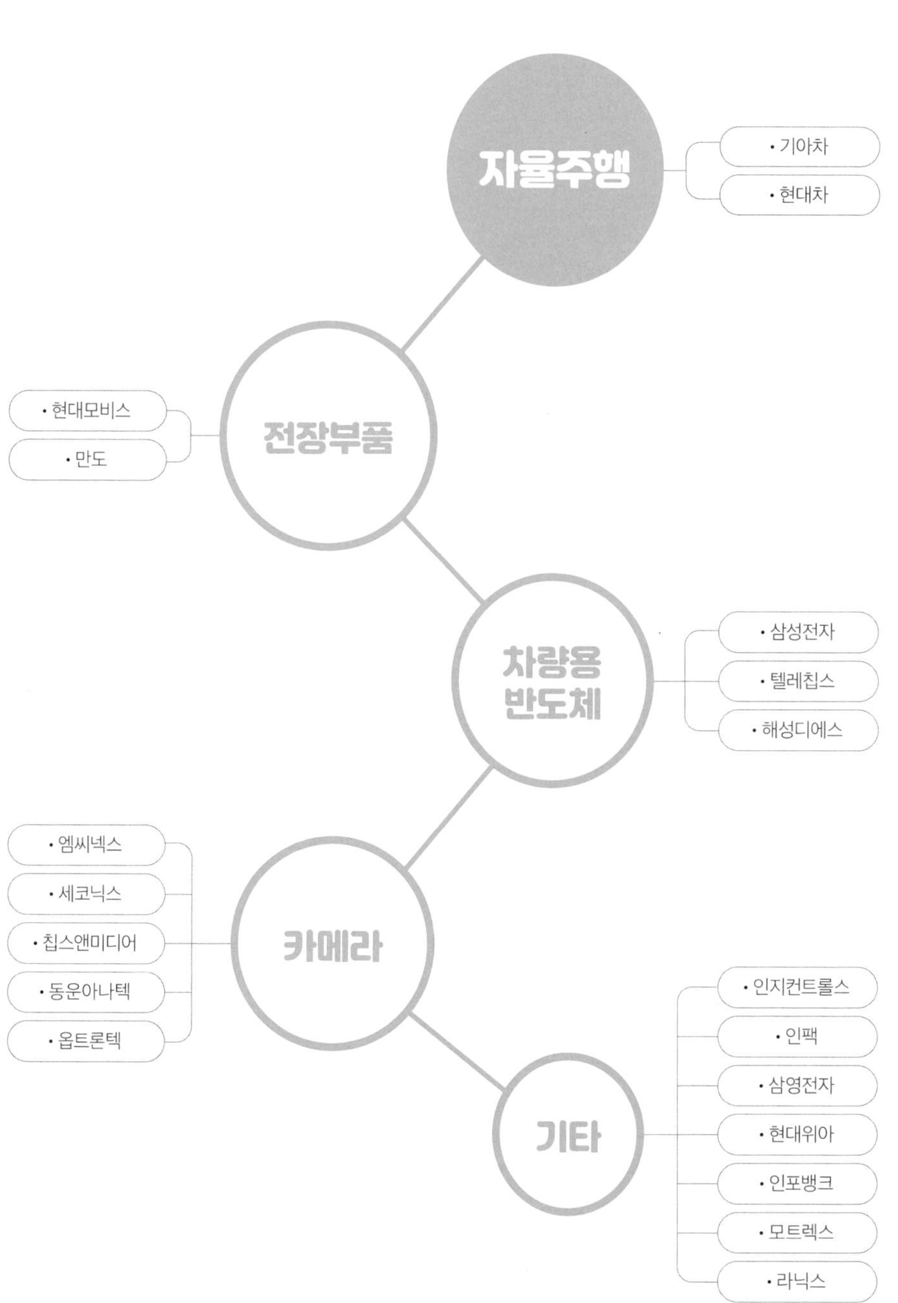
자율주행
• 기아차
• 현대차
전장부품
• 현대모비스
• 만도
차량용 반도체
• 삼성전자
• 텔레칩스
• 해성디에스
카메라
• 엠씨넥스
• 세코닉스
• 칩스앤미디어
• 동운아나텍
• 옵트론텍
기타
• 인지컨트롤스
• 인팩
• 삼영전자
• 현대위아
• 인포뱅크
• 모트렉스
• 라닉스

산업별 테마

가상화폐 (비트코인 등)

- KG모빌리언스 • 아이오케이
- SBI인베스트먼트 • 한일네트웍스
- SGA • 엠게임
- SGA솔루션즈 • 한일진공
- 갤럭시아머니트리 • 우리기술투자
- 다날 • 에이티넘인베스트
- 라이브플렉스 • 위지트
- 매커스 • 인바이오젠
- 버추얼텍 • 제이씨현시스템
- 비덴트 • 케이피엠테크

게임

- NAVER • 엔씨소프트
- NHN • 엠게임
- 네오위즈 • 웹젠
- 네오위즈홀딩스 • 위메이드
- 넥슨지티 • 이스트소프트
- 넵튠 • 조이맥스
- 넷마블 • 조이시티
- 다날 • 카카오게임즈
- 더블유게임즈 • 컴투스
- 드래곤플라이 • 펄어비스
- 미투온 • 플레이위드
- 선데이토즈 • 한빛소프트
- 액토즈소프트

남북경협

- 경농 • 인지컨트롤스
- 남광토건 • 일신석재
- 남해화학 • 자화전자
- 남화토건 • 재영솔루텍
- 도화엔지니어링 • 제이에스티나
- 롯데정밀화학 • 조비
- 삼부토건 • 좋은사람들
- 신원 • 지엔씨에너지
- 아난티 • 한창
- 양지사 • 현대건설
- 인디에프 • 현대엘리베이

면역항암제

- 녹십자랩셀 • 유한양행
- 녹십자셀 • 이수앱지스
- 동아에스티 • 제넥신
- 메드팩토 • 차바이오텍
- 박셀바이오 • 코디엠
- 셀리드 • 큐리언트
- 안국약품 • 크리스탈지노믹스
- 앱클론 • 티움바이오
- 에이비엘바이오 • 파멥신
- 영진약품 • 필룩스
- 유틸렉스 • 한올바이오파마

스마트팩토리 (스마트공장)

- LS ELECTRIC • 에스엠코어
- TPC • 에스피시스템스
- 고영 • 엠투아이
- 더존비즈온 • 오픈베이스
- 동국알앤에스 • 코윈테크
- 링크제니시스 • 톱텍
- 맥스로텍 • 티라유텍
- 비엠티 • 포스코 ICT
- 삼성에스디에스 • 한신기계
- 스맥 • 한컴MDS
- 효성ITX • 휴림로봇
- 알에스오토메이션

드론 (Drone)

- CJ대한통운 • 제이씨현시스템
- KT • 켄코아에어로스페이스
- 기산텔레콤 • 퍼스텍
- 네온테크 • 피씨디렉트
- 뉴로스 • 한국항공우주
- 대한항공 • 한빛소프트
- 디지탈옵틱 • 한화시스템
- 매커스 • 한화에어로스페이스
- 쎄트렉아이 • 해성옵틱스
- 엠씨넥스 • 휴니드

산업별 테마

황사 미세먼지

- JW중외제약 • 에스디생명공학
- KC코트렐 • 오공
- 국제약품 • 웰크론
- 나노 • 위니아딤채
- 누리플랜 • 위닉스
- 디에이치피코리아 • 케이엠
- 모나리자 • 코웨이
- 보령제약 • 크린앤사이언스
- 삼일제약 • 파세코
- 상아프론테크 • 하츠
- 성창오토텍 • 한국테크놀로지
- 안국약품 • 휴비츠

광고

- SM C&C
- YG PLUS
- 나스미디어
- 아시아경제
- 에코마케팅
- 오리콤
- 와이즈버즈
- 이노션
- 이엠넷
- 인크로스
- 제일기획
- 지어소프트
- 지투알
- 케어랩스
- 퓨쳐스트림네트웍스
- 플레이디

가축전염병 (구제역,광우병 등)

- CJ씨푸드 • 신라에스지
- 대성미생물 • 우성사료
- 동우팜투테이블 • 우진비앤지
- 동원산업 • 이지홀딩스
- 동원수산 • 정다운
- 마니커 • 태경비케이
- 사조대림 • 팜스토리
- 사조산업 • 하림
- 사조오양 • 한성기업
- 신라교역 • 한일사료

건설기계 (인프라)
- 대모
- 대창단조
- 동일금속
- 두산밥캣
- 두산인프라코어
- 디와이파워
- 서연탑메탈
- 수산중공업
- 에버다임
- 진성티이씨
- 테라사이언스
- 프리엠스
- 현대건설기계
- 혜인
- 홍국

희귀금속 (희토류 등) 미중갈등
- EG
- POSCO
- 노바텍
- 대원화성
- 삼화전자
- 쎄노텍
- 에스맥
- 에코마이스터
- 유니온
- 유니온머티리얼
- 티플랙스

마이크로 LED
- LG전자
- 광전자
- 루멘스
- 삼성전자
- 서울반도체
- 세미콘라이트
- 영우디에스피
- 코세스
- 큐에스아이
- 티엘아이

U - Healthcare (원격진료)
- 나노엔텍
- 마크로젠
- 뷰웍스
- 비트컴퓨터
- 소프트센
- 아스타
- 오스템임플란트
- 유비케어
- 이지케어텍
- 인바디
- 인성정보
- 인피니트헬스케어
- 제이엘케이
- 차바이오텍
- 케어랩스
- 테라젠이텍스
- 휴비츠

「투자노트」 사용설명서

*** 상한가 분석 ***

뉴스나 기타 정보를 적습니다.

날짜	종목	이유
1/21	제주반도체 080220 +29.89% (↑ 1,300원)	화이자 코로나 백신 용기에 메모리반도체 공급 소식 영향 * 주의: 2020년 9월 15일 조회공시요구 2020년 9월 16일 [투자주의] 공시 이력

상승률과 금액을 적어주세요

상한가 전·후 공시를 체크합니다

상한가를 기록한 종목의 뉴스, 공시, 이슈 등을 정리하면서 급등주의 특징이나 패턴을 익힐 수 있습니다. 반면 명확한 이유를 찾기 어려운데도 무턱대고 상한가 따라잡기로 투자하면 손실의 위험이 있다는 걸 알아야 합니다. 명확한 이유 없이 주가가 급등할 경우 한국거래소에서 '현저한 시황 변동에 따른 조회공시'를 요구하게 되고, 기업 측에서 특별한 급등 사유가 없다고 답하는 경우에는 주가를 부양하는 세력이 개입했거나 상승세가 금방 꺾일 수도 있기 때문입니다.

*** 테마정리 ***

날짜 1 / 20

테마명	자율주행
테마내용	자율 주행차 사용화 임박
관련주	인포뱅크 / 기아차 / 엠씨넥스 / 에이스테크 / 세코닉스 / 파인디지털

주도주	사유
엠씨넥스	북미 시장에서의 실적 회복 기대감 이슈
세코닉스	시총 1,000억대 가벼운 듯 + PBR 1배 수준
기아차	애플카 + 실적회복 + 시장 상징성

테마 뉴스 및 공시 정리		
날짜	내용	비고
12/23	엠씨넥스, 애플 자율차 진출 선언에 상승	
1/20	'애플카' 올라탄 기아차 사상 최고가!	

현재 가장 주목받는 주제가 바로 테마입니다. 관심이 쏠리는 트렌드와 테마에는 돈이 모이기 마련입니다. 현명한 투자자라면 유행과 테마를 소비하는 것에서 한발 더 나아가 투자자의 프레임으로 기회를 포착할 필요가 있습니다.

* 주간·월간 리포트 + 유튜브 추천주 *

주간 리포트		
주	내용	유튜브 추천주
1주	GS건설 장기성장 가능 신규 목표가 54,000원	파라다이스 '급등주 top3' 1/19
2주		

월간 리포트 > 시황체크 OR 시황레포트
차익매물에 하락, 하락시 매수 '삼성증권 마감시황'

유튜브 추천주를 기록하면서 추천주로 거론되는 종목들의 특징을 살펴볼 필요가 있습니다. 다양한 섹터의 수많은 종목 중 추천 이유를 점검하다 보면 오르는 종목의 특징을 익히는 훈련이 됩니다. 훈련이 누적되면 전문가의 추천 종목과 추천 이유 기록을 넘어 본인만의 종목 선정 기준과 안목을 기를 수 있습니다.

* 주차별 관심 종목 *

주차	종목	특징
1월 1주차	셀리버리	'JP 모건 헬스케어 컨퍼런스' 기대감 가능 (이상우대표 유튜브 영상)

주식시장에 영향을 끼칠 만한 주별 이슈를 체크하면서 그와 연관돼 투자심리가 몰릴 종목은 없는지 매주 체크하는 습관을 들여야 합니다. 굵직한 이벤트가 없더라도 개별 기업에 해당하는 호재나 주가 상승 재료가 발생할 수 있으므로 주차별 관심 종목을 기입하고 해당 종목의 주가 흐름을 눈여겨볼 필요가 있습니다.

* 시장현황 *

1분기	
월	1월
해외 이슈	1/6 FOMC 의사록 공개 1/20 미 대통령 취임식
국내 이슈	1/8 삼성전자 실적 발표

개별 종목이 시장을 초월할 수는 없습니다. 아무리 건실한 종목이라고 해도 지수가 빠지거나 시장 자체에 악재가 있는 상황에서 홀로 상승하기란 쉽지 않죠. 시장의 변화를 정확히 알아맞힐 수는 없지만 굵직한 국내외 이슈를 사전에 체크하고 대응하는 자세를 지녀야 합니다.

* 뉴스 분석 *

날짜	뉴스	공시 및 특이사항
1/20	기아 '애플카' 협력 가능성 제기... 현대차 아닌 이유는?	풍문 또는 보도에 대한 해명(미확정)
1/21	기아차 로고 바꾸고 新주가 시대	기아차(000270) 전일 대비 주가 4.79% ↑
1/21	바이든 취임 축포 쏜 美증시	다우존스산업평균지수 전일 대비 0.83% ↑ S&P 500지수 1.39% ↑ 나스닥종합지수 1.97% ↑

시가총액이 낮은 코스닥 종목의 경우 몇 개의 뉴스만으로도 주가가 움직일 가능성이 높습니다. 우리나라 증시에 큰 영향을 끼치는 미국 증시 뉴스는 물론이고 관심종목과 투자종목 관련 뉴스도 꼼꼼히 살펴볼 필요가 있습니다. 뉴스의 내용에 따라 주가의 변동을 기록하다 보면 투자자의 군중심리가 어떤 형태의 뉴스에 영향을 받는지 자연스레 터득하게 될 것입니다.

* 매매일지 - 매수 *

매도 타이밍을 놓치지 않으려면 목표가 설정이 중요합니다.

종목명	종근당		비중	30%	(승)/패	실현수익	1천5백
매수가	15만원	매도가	20만원	목표가	21만원	손절가	13만 7천원

공략 계획	- 증권사 리포트 가격 목표치 평균 21만원 내외 매도 - 코로나 치료제 뉴스 나오면 팔기			
매수일	1차 10/30	2차 11/2	3차 11/3	매수근거
매수가	150,000	145,000	155,000	3분기 어닝 서프라이즈 + 해외 코로나 임상 이슈
수량	100	100	100	
비고	실적발표	시장하락 이용 추매	거래량 전일 2배	

더 큰 손해를 피하기 위해 손절가 원칙은 꼭 지켜야 합니다.

매매일지는 주식 입문자부터 고수까지 반드시 작성해야 할 기본 중의 기본입니다. 거래 데이터는 HTS나 MTS에서 검색 가능하지만, 투자원칙과 실수를 점검하는 건 매매일지에서만 가능합니다.

* 매매일지 - 매도 *

대응 전략	수익실현/추가매수/손절 - 120일선 무너지면 무조건 손절하기! - 매수가격에서 5% 하락 시 추가 매수! - 전고점 21만 4천원 + 증권사 의견 평균 21만원 → 20만원 내외 매도			
매도일	1차 11 / 20	2차 12 / 18	3차 12 / 21	매도근거
매도가	190,000	200,000	210,000	뉴스에 팔기 전략 + 최초 목표가 달성!
수량	100	100	100	
비고	코로나치료제 뉴스에 팔기	나파벨탄 임상 뉴스	목표가	

매매 평가	v 실적평가(전자공시 - 도서 「주가급등 사유 없음」 방식 참고) v 뉴스에는 팔아라! (주식격언)

매수는 기술, 매도는 예술이라 합니다.
정확한 매도 근거를 세워야 합니다.

마치 수험생의 오답노트처럼 투자 실수를 복기하며 성공 투자의 가능성을 높이는 게 매매일지의 핵심입니다.

상한가 분석

날짜	종목	이유

날짜	종목	이유

상한가 분석

날짜	종목	이유

날짜	종목	이유

상한가 분석

날짜	종목	이유

날짜	종목	이유

상한가 분석

날짜	종목	이유

날짜	종목	이유

상한가 분석

날짜	종목	이유

날짜	종목	이유

상한가 분석

날짜	종목	이유

날짜	종목	이유

테마정리

날짜 /

테마명	
테마 내용	
관련주	

주도주	사유

테마 뉴스 및 공시 정리		
날짜	내용	비고

날짜 /

테마명	
테마 내용	
관련주	

주도주	사유

테마 뉴스 및 공시 정리		
날짜	내용	비고

테마정리

날짜 /

테마명	
테마 내용	
관련주	

주도주	사유

테마 뉴스 및 공시 정리		
날짜	내용	비고

날짜 /

테마명	
테마 내용	
관련주	

주도주	사유

테마 뉴스 및 공시 정리		
날짜	내용	비고

테마정리

날짜 /

테마명	
테마 내용	
관련주	

주도주	사유

테마 뉴스 및 공시 정리		
날짜	내용	비고

날짜 /

테마명	
테마 내용	
관련주	

주도주	사유

테마 뉴스 및 공시 정리		
날짜	내용	비고

테마정리

날짜 /

테마명	
테마 내용	
관련주	

주도주	사유

테마 뉴스 및 공시 정리		
날짜	내용	비고

날짜 /

테마명	
테마 내용	
관련주	

주도주	사유

테마 뉴스 및 공시 정리		
날짜	내용	비고

테마정리

날짜 /

테마명	
테마 내용	
관련주	

주도주	사유

테마 뉴스 및 공시 정리		
날짜	내용	비고

날짜 /

테마명	
테마 내용	
관련주	

주도주	사유

테마 뉴스 및 공시 정리		
날짜	내용	비고

테마정리

날짜 /

테마명	
테마 내용	
관련주	

주도주	사유

테마 뉴스 및 공시 정리		
날짜	내용	비고

날짜 /

테마명	
테마 내용	
관련주	

주도주	사유

테마 뉴스 및 공시 정리		
날짜	내용	비고

섹터·테마 분석

<table>
<tr><td>월</td><td>테마·섹터</td><td></td><td>날짜</td><td>종목명</td></tr>
<tr><td colspan="3" rowspan="5">뉴스/공시</td><td rowspan="5">상한가
달성
종목</td><td></td><td></td></tr>
<tr><td></td><td></td></tr>
<tr><td></td><td></td></tr>
<tr><td></td><td></td></tr>
<tr><td></td><td></td></tr>
</table>

분석내용

관련종목

월	테마·섹터		날짜	종목명
뉴스/공시		상한가 달성 종목		

분석내용

관련종목

섹터·테마 분석

월	테마·섹터			날짜	종목명
뉴스/공시			상한가 달성 종목		

분석내용

관련종목

월	테마·섹터		날짜	종목명
뉴스/공시		상한가 달성 종목		

분석내용

관련종목

섹터·테마 분석

월	테마·섹터			날짜	종목명
뉴스/공시			상한가 달성 종목		

분석내용

관련종목

월	테마·섹터		날짜	종목명
뉴스/공시		상한가 달성 종목		

분석내용

관련종목

섹터·테마 분석

월	테마·섹터		날짜	종목명
뉴스/공시		상한가 달성 종목		

분석내용

관련종목

월	테마·섹터		날짜	종목명
뉴스/공시		상한가 달성 종목		

분석내용

관련종목

섹터·테마 분석

<table>
<tr><td>월</td><td>테마·섹터</td><td colspan="2"></td><td>날짜</td><td>종목명</td></tr>
<tr><td colspan="3" rowspan="5">뉴스/공시</td><td rowspan="5">상한가
달성
종목</td><td></td><td></td></tr>
<tr><td></td><td></td></tr>
<tr><td></td><td></td></tr>
<tr><td></td><td></td></tr>
<tr><td></td><td></td></tr>
</table>

분석내용

관련종목

월	테마·섹터		날짜	종목명
뉴스/공시		상한가 달성 종목		

분석내용

관련종목

섹터·테마 분석

월	테마·섹터			날짜	종목명
뉴스/공시			상한가 달성 종목		

분석내용

관련종목

월	테마·섹터		날짜	종목명
뉴스/공시		상한가 달성 종목		

분석내용

관련종목

섹터·테마 분석

월	테마·섹터		날짜	종목명
뉴스/공시		상한가 달성 종목		

분석내용

관련종목

월	테마·섹터		날짜	종목명
뉴스/공시		상한가 달성 종목		

분석내용

관련종목

섹터·테마 분석

<table>
<tr><td>월</td><td>테마·섹터</td><td colspan="2"></td><td>날짜</td><td>종목명</td></tr>
<tr><td colspan="3" rowspan="5">뉴스/공시</td><td rowspan="5">상한가
달성
종목</td><td></td><td></td></tr>
<tr><td></td><td></td></tr>
<tr><td></td><td></td></tr>
<tr><td></td><td></td></tr>
<tr><td></td><td></td></tr>
</table>

분석내용

관련종목

월	테마·섹터		날짜	종목명
뉴스/공시		상한가 달성 종목		

분석내용

관련종목

섹터·테마 분석

월	테마·섹터		날짜	종목명
뉴스/공시		상한가 달성 종목		

분석내용

관련종목

월	테마·섹터		날짜	종목명
뉴스/공시		상한가 달성 종목		

분석내용

관련종목

섹터·테마 분석

월	테마·섹터			날짜	종목명
뉴스/공시			상한가 달성 종목		

분석내용

관련종목

월	테마·섹터		날짜	종목명
뉴스/공시		상한가 달성 종목		

분석내용

관련종목

주간·월간 리포트 + 유튜브 추천주

주간 리포트		
주	내용	유튜브 추천주
1주		
2주		
3주		
4주		
5주		

월간 리포트

주간 리포트		
주	내용	유튜브 추천주
1주		
2주		
3주		
4주		
5주		

월간 리포트

주간·월간 리포트 + 유튜브 추천주

주간 리포트		
주	내용	유튜브 추천주
1주		
2주		
3주		
4주		
5주		

월간 리포트

주간 리포트		
주	내용	유튜브 추천주
1주		
2주		
3주		
4주		
5주		

월간 리포트

주간·월간 리포트 + 유튜브 추천주

주간 리포트		
주	내용	유튜브 추천주
1주		
2주		
3주		
4주		
5주		

월간 리포트

주간 리포트		
주	내용	유튜브 추천주
1주		
2주		
3주		
4주		
5주		

월간 리포트

주간·월간 리포트 + 유튜브 추천주

주간 리포트		
주	내용	유튜브 추천주
1주		
2주		
3주		
4주		
5주		

월간 리포트

주간 리포트		
주	내용	유튜브 추천주
1주		
2주		
3주		
4주		
5주		

월간 리포트

주간·월간 리포트 + 유튜브 추천주

주간 리포트		
주	내용	유튜브 추천주
1주		
2주		
3주		
4주		
5주		

월간 리포트

주간 리포트		
주	내용	유튜브 추천주
1주		
2주		
3주		
4주		
5주		

월간 리포트

주간·월간 리포트 + 유튜브 추천주

주간 리포트		
주	내용	유튜브 추천주
1주		
2주		
3주		
4주		
5주		

월간 리포트

주간 리포트		
주	내용	유튜브 추천주
1주		
2주		
3주		
4주		
5주		

월간 리포트

주차별 관심 종목

주차	종목	특징

주차	종목	특징

주차별 관심 종목

주차	종목	특징

주차	종목	특징

주차별 관심 종목

주차	종목	특징

주차	종목	특징

주차별 관심 종목

주차	종목	특징

주차	종목	특징

주차별 관심 종목

주차	종목	특징

주차	종목	특징

주차별 관심 종목

주차	종목	특징

주차	종목	특징

시장현황

분기	
월	
해외 이슈	
국내 이슈	

분기	
월	
해외 이슈	
국내 이슈	

분기	
월	
해외 이슈	
국내 이슈	

분기	
월	
해외 이슈	
국내 이슈	

시장현황

분기	
월	
해외 이슈	
국내 이슈	

분기	
월	
해외 이슈	
국내 이슈	

분기	
월	
해외 이슈	
국내 이슈	

분기	
월	
해외 이슈	
국내 이슈	

시장현황

분기	
월	
해외 이슈	
국내 이슈	

분기	
월	
해외 이슈	
국내 이슈	

분기	
월	
해외 이슈	
국내 이슈	

분기	
월	
해외 이슈	
국내 이슈	

뉴스 분석

날짜	뉴스	공시 및 특이사항

날짜	뉴스	공시 및 특이사항

뉴스 분석

날짜	뉴스	공시 및 특이사항

날짜	뉴스	공시 및 특이사항

뉴스 분석

날짜	뉴스	공시 및 특이사항

날짜	뉴스	공시 및 특이사항

뉴스 분석

날짜	뉴스	공시 및 특이사항

날짜	뉴스	공시 및 특이사항

뉴스 분석

날짜	뉴스	공시 및 특이사항

날짜	뉴스	공시 및 특이사항

뉴스 분석

날짜	뉴스	공시 및 특이사항

날짜	뉴스	공시 및 특이사항

기업 분석

날짜	/	종목명		현재가		목표가	

기업 분석

관련주

날짜	/	종목명		현재가		목표가	

기업 분석

관련주

기업 분석

날짜	/	종목명		현재가		목표가	

기업 분석

관련주

날짜	/	종목명		현재가		목표가	

기업 분석

관련주

기업 분석

날짜	/	종목명		현재가		목표가	

기업 분석

관련주

날짜	/	종목명		현재가		목표가	

기업 분석

관련주

기업 분석

날짜	/	종목명		현재가		목표가	

기업 분석

관련주

날짜	/	종목명		현재가		목표가	

기업 분석

관련주

기업 분석

날짜	/	종목명		현재가		목표가	

기업 분석

관련주

날짜	/	종목명		현재가		목표가	

기업 분석

관련주

기업 분석

날짜	/	종목명		현재가		목표가	

기업 분석

관련주

날짜	/	종목명		현재가		목표가	

기업 분석

관련주

기업 분석

날짜	/	종목명		현재가		목표가	

기업 분석

관련주

날짜	/	종목명		현재가		목표가	

기업 분석

관련주

기업 분석

날짜	/	종목명		현재가		목표가	

기업 분석

관련주

날짜	/	종목명		현재가		목표가	

기업 분석

관련주

기업 분석

날짜	/	종목명		현재가		목표가	

기업 분석

관련주

날짜	/	종목명		현재가		목표가	

기업 분석

관련주

기업 분석

날짜	/	종목명		현재가		목표가	

기업 분석

관련주

날짜	/	종목명		현재가		목표가	

기업 분석

관련주

기업 분석

날짜	/	종목명		현재가		목표가	

기업 분석

관련주

날짜	/	종목명		현재가		목표가	

기업 분석

관련주

기업 분석

날짜	/	종목명		현재가		목표가	

기업 분석

관련주

날짜	/	종목명		현재가		목표가	

기업 분석

관련주

기업 분석

날짜	/	종목명		현재가		목표가	

기업 분석

관련주

날짜	/	종목명		현재가		목표가	

기업 분석

관련주

기업 분석

날짜	/	종목명		현재가		목표가	

기업 분석

관련주

날짜	/	종목명		현재가		목표가	

기업 분석

관련주

기업 분석

날짜	/	종목명		현재가		목표가	

기업 분석

관련주

날짜	/	종목명		현재가		목표가	

기업 분석

관련주

기업 분석

날짜	/	종목명		현재가		목표가	

기업 분석

관련주

날짜	/	종목명		현재가		목표가	

기업 분석

관련주

기업 분석

날짜	/	종목명		현재가		목표가	

기업 분석

관련주

날짜	/	종목명		현재가		목표가	

기업 분석

관련주

기업 분석

날짜	/	종목명		현재가		목표가	

기업 분석

관련주

날짜	/	종목명		현재가		목표가	

기업 분석

관련주

기업 분석

날짜	/	종목명		현재가		목표가	

기업 분석

관련주

날짜	/	종목명		현재가		목표가	

기업 분석

관련주

기업 분석

날짜	/	종목명		현재가		목표가	

기업 분석

관련주

날짜	/	종목명		현재가		목표가	

기업 분석

관련주

기업 분석

날짜	/	종목명		현재가		목표가	

기업 분석

관련주

날짜	/	종목명		현재가		목표가	

기업 분석

관련주

기업 분석

날짜	/	종목명		현재가		목표가	

기업 분석

관련주

날짜	/	종목명		현재가		목표가	

기업 분석

관련주

기업 분석

날짜	/	종목명		현재가		목표가	

기업 분석

관련주

날짜	/	종목명		현재가		목표가	

기업 분석

관련주

기업 분석

날짜	/	종목명		현재가		목표가	

기업 분석

관련주

날짜	/	종목명		현재가		목표가	

기업 분석

관련주

기업 분석

날짜	/	종목명		현재가		목표가	

기업 분석

관련주

날짜	/	종목명		현재가		목표가	

기업 분석

관련주

기업 분석

날짜	/	종목명		현재가		목표가	

기업 분석

관련주

날짜	/	종목명		현재가		목표가	

기업 분석

관련주

기업 분석

날짜	/	종목명		현재가		목표가	

기업 분석

관련주

날짜	/	종목명		현재가		목표가	

기업 분석

관련주

기업 분석

날짜	/	종목명		현재가		목표가	

기업 분석

관련주

날짜	/	종목명		현재가		목표가	

기업 분석

관련주

기업 분석

날짜	/	종목명		현재가		목표가	

기업 분석

관련주

날짜	/	종목명		현재가		목표가	

기업 분석

관련주

기업 분석

날짜	/	종목명		현재가		목표가	

기업 분석

관련주

날짜	/	종목명		현재가		목표가	

기업 분석

관련주

매매일지

종목명		비중	승 / 패	실현수익	
매수가		매도가		목표가		손절가	

공략 계획				
매수일	1차 /	2차 /	3차 /	매수근거
매수가				
수량				
비고				

대응 전략	수익실현/추가매수/손절			
매도일	1차 /	2차 /	3차 /	매도근거
매도가				
수량				
비고				

매매 평가	

종목명			비중	승 / 패	실현수익	
매수가		매도가		목표가	손절가	

공략 계획				
매수일	1차 /	2차 /	3차 /	매수근거
매수가				
수량				
비고				

대응 전략	수익실현/추가매수/손절			
매도일	1차 /	2차 /	3차 /	매도근거
매도가				
수량				
비고				

매매 평가	

매매일지

종목명			비중	승 / 패	실현수익	
매수가		매도가		목표가		손절가	

공략 계획				
매수일	1차 /	2차 /	3차 /	매수근거
매수가				
수량				
비고				

대응 전략	수익실현/추가매수/손절			
매도일	1차 /	2차 /	3차 /	매도근거
매도가				
수량				
비고				

매매 평가	

종목명			비중	승 / 패		실현수익	
매수가		매도가		목표가		손절가	

공략 계획				
매수일	1차 /	2차 /	3차 /	매수근거
매수가				
수량				
비고				

대응 전략	수익실현/추가매수/손절			
매도일	1차 /	2차 /	3차 /	매도근거
매도가				
수량				
비고				

매매 평가	

매매일지

종목명			비중	승 / 패	실현수익	
매수가		매도가		목표가		손절가	

공략 계획				
매수일	1차 /	2차 /	3차 /	매수근거
매수가				
수량				
비고				

대응 전략	수익실현/추가매수/손절			
매도일	1차 /	2차 /	3차 /	매도근거
매도가				
수량				
비고				

매매 평가	

종목명			비중	승 / 패	실현수익	
매수가		매도가		목표가		손절가	

공략 계획				
매수일	1차 /	2차 /	3차 /	매수근거
매수가				
수량				
비고				

대응 전략	수익실현/추가매수/손절			
매도일	1차 /	2차 /	3차 /	매도근거
매도가				
수량				
비고				

매매 평가	

매매일지

종목명			비중	승 / 패		실현수익	
매수가		매도가		목표가		손절가	

공략 계획				
매수일	1차 /	2차 /	3차 /	매수근거
매수가				
수량				
비고				

대응 전략	수익실현/추가매수/손절			
매도일	1차 /	2차 /	3차 /	매도근거
매도가				
수량				
비고				

매매 평가	

종목명		비중	승 / 패	실현수익	
매수가		매도가		목표가		손절가	

공략 계획				
매수일	1차 /	2차 /	3차 /	매수근거
매수가				
수량				
비고				

대응 전략	수익실현/추가매수/손절			
매도일	1차 /	2차 /	3차 /	매도근거
매도가				
수량				
비고				

매매 평가	

매매일지

종목명			비중	승 / 패	실현수익	
매수가		매도가		목표가		손절가	

공략 계획				
매수일	1차 /	2차 /	3차 /	매수근거
매수가				
수량				
비고				

대응 전략	수익실현/추가매수/손절			
매도일	1차 /	2차 /	3차 /	매도근거
매도가				
수량				
비고				

매매 평가	

종목명			비중	승 / 패		실현수익	
매수가		매도가		목표가		손절가	

공략 계획	

매수일	1차 /	2차 /	3차 /	매수근거
매수가				
수량				
비고				

대응 전략	수익실현/추가매수/손절

매도일	1차 /	2차 /	3차 /	매도근거
매도가				
수량				
비고				

매매 평가	

매매일지

종목명			비중	승 / 패		실현수익	
매수가		매도가		목표가		손절가	

공략 계획				
매수일	1차 /	2차 /	3차 /	매수근거
매수가				
수량				
비고				

대응 전략	수익실현/추가매수/손절			
매도일	1차 /	2차 /	3차 /	매도근거
매도가				
수량				
비고				

매매 평가	

종목명			비중	승 / 패	실현수익	
매수가		매도가		목표가	손절가	

공략 계획				
매수일	1차 /	2차 /	3차 /	매수근거
매수가				
수량				
비고				

대응 전략	수익실현/추가매수/손절			
매도일	1차 /	2차 /	3차 /	매도근거
매도가				
수량				
비고				

매매 평가	

매매일지

종목명			비중	승 / 패	실현수익	
매수가		매도가		목표가	손절가	

공략 계획				
매수일	1차 /	2차 /	3차 /	매수근거
매수가				
수량				
비고				

대응 전략	수익실현/추가매수/손절			
매도일	1차 /	2차 /	3차 /	매도근거
매도가				
수량				
비고				

매매 평가	

종목명		비중	승 / 패	실현수익	
매수가		매도가		목표가		손절가	

공략 계획				
매수일	1차 /	2차 /	3차 /	매수근거
매수가				
수량				
비고				

대응 전략	수익실현/추가매수/손절			
매도일	1차 /	2차 /	3차 /	매도근거
매도가				
수량				
비고				

매매 평가	

매매일지

종목명			비중	승 / 패		실현수익	
매수가		매도가		목표가		손절가	

공략 계획				
매수일	1차 /	2차 /	3차 /	매수근거
매수가				
수량				
비고				

대응 전략	수익실현/추가매수/손절			
매도일	1차 /	2차 /	3차 /	매도근거
매도가				
수량				
비고				

매매 평가	

종목명			비중	승 / 패	실현수익	
매수가		매도가		목표가	손절가	

공략 계획	

매수일	1차 /	2차 /	3차 /	매수근거
매수가				
수량				
비고				

대응 전략	수익실현/추가매수/손절

매도일	1차 /	2차 /	3차 /	매도근거
매도가				
수량				
비고				

매매 평가	

매매일지

종목명			비중	승 / 패	실현수익	
매수가		매도가		목표가	손절가	

공략 계획				
매수일	1차 /	2차 /	3차 /	매수근거
매수가				
수량				
비고				

대응 전략	수익실현/추가매수/손절			
매도일	1차 /	2차 /	3차 /	매도근거
매도가				
수량				
비고				

매매 평가	

종목명		비중	승 / 패	실현수익	

매수가		매도가		목표가		손절가	

공략 계획	

매수일	1차 /	2차 /	3차 /	매수근거
매수가				
수량				
비고				

대응 전략	수익실현/추가매수/손절

매도일	1차 /	2차 /	3차 /	매도근거
매도가				
수량				
비고				

매매 평가	

매매일지

종목명			비중	승 / 패	실현수익	
매수가		매도가		목표가		손절가	

공략 계획				
매수일	1차 /	2차 /	3차 /	매수근거
매수가				
수량				
비고				

대응 전략	수익실현/추가매수/손절			
매도일	1차 /	2차 /	3차 /	매도근거
매도가				
수량				
비고				

매매 평가	

종목명			비중	승 / 패		실현수익	
매수가		매도가		목표가		손절가	

공략 계획				
매수일	1차 /	2차 /	3차 /	매수근거
매수가				
수량				
비고				

대응 전략	수익실현/추가매수/손절			
매도일	1차 /	2차 /	3차 /	매도근거
매도가				
수량				
비고				

매매 평가	

매매일지

종목명			비중	승 / 패		실현수익	
매수가		매도가		목표가		손절가	

공략 계획				
매수일	1차 /	2차 /	3차 /	매수근거
매수가				
수량				
비고				

대응 전략	수익실현/추가매수/손절			
매도일	1차 /	2차 /	3차 /	매도근거
매도가				
수량				
비고				

매매 평가	

종목명		비중	승 / 패	실현수익	

매수가		매도가		목표가		손절가	

공략 계획				
매수일	1차 /	2차 /	3차 /	매수근거
매수가				
수량				
비고				

대응 전략	수익실현/추가매수/손절			
매도일	1차 /	2차 /	3차 /	매도근거
매도가				
수량				
비고				

매매 평가	

매매일지

종목명			비중	승 / 패		실현수익	
매수가		매도가		목표가		손절가	

공략 계획				
매수일	1차 /	2차 /	3차 /	매수근거
매수가				
수량				
비고				

대응 전략	수익실현/추가매수/손절			
매도일	1차 /	2차 /	3차 /	매도근거
매도가				
수량				
비고				

매매 평가	

종목명			비중	승 / 패	실현수익	
매수가		매도가		목표가	손절가	

공략 계획				
매수일	1차 /	2차 /	3차 /	매수근거
매수가				
수량				
비고				

대응 전략	수익실현/추가매수/손절			
매도일	1차 /	2차 /	3차 /	매도근거
매도가				
수량				
비고				

매매 평가	

매매일지

종목명		비중	승 / 패	실현수익	

매수가		매도가		목표가		손절가	

공략 계획				
매수일	1차 /	2차 /	3차 /	매수근거
매수가				
수량				
비고				

대응 전략	수익실현/추가매수/손절			
매도일	1차 /	2차 /	3차 /	매도근거
매도가				
수량				
비고				

매매 평가	

종목명			비중	승 / 패	실현수익	
매수가		매도가		목표가	손절가	

공략 계획				
매수일	1차 /	2차 /	3차 /	매수근거
매수가				
수량				
비고				

대응 전략	수익실현/추가매수/손절			
매도일	1차 /	2차 /	3차 /	매도근거
매도가				
수량				
비고				

매매 평가	

매매일지

종목명			비중	승 / 패	실현수익	
매수가		매도가		목표가	손절가	

공략 계획				
매수일	1차 /	2차 /	3차 /	매수근거
매수가				
수량				
비고				

대응 전략	수익실현/추가매수/손절			
매도일	1차 /	2차 /	3차 /	매도근거
매도가				
수량				
비고				

매매 평가	

종목명			비중	승 / 패	실현수익	
매수가		매도가		목표가		손절가	

공략 계획				
매수일	1차 /	2차 /	3차 /	매수근거
매수가				
수량				
비고				

대응 전략	수익실현/추가매수/손절			
매도일	1차 /	2차 /	3차 /	매도근거
매도가				
수량				
비고				

매매 평가	

매매일지

종목명			비중	승 / 패	실현수익	
매수가		매도가		목표가	손절가	

공략 계획				
매수일	1차 /	2차 /	3차 /	매수근거
매수가				
수량				
비고				

대응 전략	수익실현/추가매수/손절			
매도일	1차 /	2차 /	3차 /	매도근거
매도가				
수량				
비고				

매매 평가	

종목명		비중	승 / 패	실현수익	
매수가		매도가		목표가		손절가	

공략 계획	

매수일	1차 /	2차 /	3차 /	매수근거
매수가				
수량				
비고				

대응 전략	수익실현/추가매수/손절

매도일	1차 /	2차 /	3차 /	매도근거
매도가				
수량				
비고				

매매 평가	

매매일지

종목명		비중	승 / 패	실현수익	
매수가		매도가		목표가		손절가	

공략 계획				
매수일	1차 /	2차 /	3차 /	매수근거
매수가				
수량				
비고				

대응 전략	수익실현/추가매수/손절			
매도일	1차 /	2차 /	3차 /	매도근거
매도가				
수량				
비고				

매매 평가	

종목명			비중	승 / 패	실현수익	
매수가		매도가		목표가	손절가	

공략 계획	

매수일	1차 /	2차 /	3차 /	매수근거
매수가				
수량				
비고				

대응 전략	수익실현/추가매수/손절

매도일	1차 /	2차 /	3차 /	매도근거
매도가				
수량				
비고				

매매 평가	

매매일지

종목명			비중	승 / 패		실현수익	
매수가		매도가		목표가		손절가	

공략 계획				
매수일	1차 /	2차 /	3차 /	매수근거
매수가				
수량				
비고				

대응 전략	수익실현/추가매수/손절			
매도일	1차 /	2차 /	3차 /	매도근거
매도가				
수량				
비고				

매매 평가	

종목명			비중	승 / 패	실현수익	
매수가		매도가		목표가		손절가	

공략 계획				
매수일	1차 /	2차 /	3차 /	매수근거
매수가				
수량				
비고				

대응 전략	수익실현/추가매수/손절			
매도일	1차 /	2차 /	3차 /	매도근거
매도가				
수량				
비고				

매매 평가	

매매일지

종목명			비중	승 / 패		실현수익	
매수가		매도가		목표가		손절가	

공략 계획				
매수일	1차 /	2차 /	3차 /	매수근거
매수가				
수량				
비고				

대응 전략	수익실현/추가매수/손절			
매도일	1차 /	2차 /	3차 /	매도근거
매도가				
수량				
비고				

매매 평가	

종목명			비중	승 / 패	실현수익	
매수가		매도가		목표가		손절가	

공략 계획				
매수일	1차 /	2차 /	3차 /	매수근거
매수가				
수량				
비고				

대응 전략	수익실현/추가매수/손절			
매도일	1차 /	2차 /	3차 /	매도근거
매도가				
수량				
비고				

매매 평가	

매매일지

종목명		비중	승 / 패	실현수익	
매수가		매도가		목표가		손절가	

공략 계획				
매수일	1차 /	2차 /	3차 /	매수근거
매수가				
수량				
비고				

대응 전략	수익실현/추가매수/손절			
매도일	1차 /	2차 /	3차 /	매도근거
매도가				
수량				
비고				

매매 평가	

종목명			비중		승 / 패	실현수익	
매수가		매도가		목표가		손절가	

공략 계획				
매수일	1차 /	2차 /	3차 /	매수근거
매수가				
수량				
비고				

대응 전략	수익실현/추가매수/손절			
매도일	1차 /	2차 /	3차 /	매도근거
매도가				
수량				
비고				

매매 평가	

매매일지

종목명			비중	승 / 패	실현수익	
매수가		매도가		목표가		손절가	

공략 계획				
매수일	1차 /	2차 /	3차 /	매수근거
매수가				
수량				
비고				

대응 전략	수익실현/추가매수/손절			
매도일	1차 /	2차 /	3차 /	매도근거
매도가				
수량				
비고				

매매 평가	

종목명			비중	승 / 패	실현수익	
매수가		매도가		목표가		손절가	

공략 계획				
매수일	1차 /	2차 /	3차 /	매수근거
매수가				
수량				
비고				

대응 전략	수익실현/추가매수/손절			
매도일	1차 /	2차 /	3차 /	매도근거
매도가				
수량				
비고				

매매 평가	

매매일지

종목명			비중	승 / 패	실현수익	
매수가		매도가		목표가		손절가	

공략 계획				
매수일	1차 /	2차 /	3차 /	매수근거
매수가				
수량				
비고				

대응 전략	수익실현/추가매수/손절			
매도일	1차 /	2차 /	3차 /	매도근거
매도가				
수량				
비고				

매매 평가	

종목명			비중	승 / 패	실현수익	
매수가		매도가		목표가	손절가	

공략 계획				
매수일	1차 /	2차 /	3차 /	매수근거
매수가				
수량				
비고				

대응 전략	수익실현/추가매수/손절			
매도일	1차 /	2차 /	3차 /	매도근거
매도가				
수량				
비고				

매매 평가	

매매일지

종목명			비중	승 / 패	실현수익	
매수가		매도가		목표가	손절가	

공략 계획				
매수일	1차 /	2차 /	3차 /	매수근거
매수가				
수량				
비고				

대응 전략	수익실현/추가매수/손절			
매도일	1차 /	2차 /	3차 /	매도근거
매도가				
수량				
비고				

매매 평가	

종목명		비중	승 / 패	실현수익	
매수가		매도가		목표가		손절가	

공략 계획				
매수일	1차 /	2차 /	3차 /	매수근거
매수가				
수량				
비고				

대응 전략	수익실현/추가매수/손절			
매도일	1차 /	2차 /	3차 /	매도근거
매도가				
수량				
비고				

매매 평가	

매매일지

종목명			비중	승 / 패	실현수익	
매수가		매도가		목표가		손절가	

공략 계획				
매수일	1차 /	2차 /	3차 /	매수근거
매수가				
수량				
비고				

대응 전략	수익실현/추가매수/손절			
매도일	1차 /	2차 /	3차 /	매도근거
매도가				
수량				
비고				

매매 평가	

종목명			비중	승 / 패	실현수익	
매수가		매도가		목표가	손절가	

공략 계획	

매수일	1차 /	2차 /	3차 /	매수근거
매수가				
수량				
비고				

대응 전략	수익실현/추가매수/손절

매도일	1차 /	2차 /	3차 /	매도근거
매도가				
수량				
비고				

매매 평가	

매매일지

종목명			비중	승 / 패	실현수익	
매수가		매도가		목표가	손절가	

공략 계획				
매수일	1차 /	2차 /	3차 /	매수근거
매수가				
수량				
비고				

대응 전략	수익실현/추가매수/손절			
매도일	1차 /	2차 /	3차 /	매도근거
매도가				
수량				
비고				

매매 평가	

종목명		비중	승 / 패	실현수익	
매수가		매도가		목표가		손절가	

공략 계획	

매수일	1차 /	2차 /	3차 /	매수근거
매수가				
수량				
비고				

대응 전략	수익실현/추가매수/손절

매도일	1차 /	2차 /	3차 /	매도근거
매도가				
수량				
비고				

매매 평가	

매매일지

종목명			비중	승 / 패	실현수익	
매수가		매도가		목표가	손절가	

공략 계획				
매수일	1차 /	2차 /	3차 /	매수근거
매수가				
수량				
비고				

대응 전략	수익실현/추가매수/손절			
매도일	1차 /	2차 /	3차 /	매도근거
매도가				
수량				
비고				

매매 평가	

종목명			비중	승 / 패	실현수익	
매수가		매도가		목표가	손절가	

공략 계획				
매수일	1차 /	2차 /	3차 /	매수근거
매수가				
수량				
비고				

대응 전략	수익실현/추가매수/손절			
매도일	1차 /	2차 /	3차 /	매도근거
매도가				
수량				
비고				

매매 평가	

매매일지

종목명			비중	승 / 패	실현수익	
매수가		매도가		목표가		손절가	

공략 계획				
매수일	1차 /	2차 /	3차 /	매수근거
매수가				
수량				
비고				

대응 전략	수익실현/추가매수/손절			
매도일	1차 /	2차 /	3차 /	매도근거
매도가				
수량				
비고				

매매 평가	

종목명		비중	승 / 패	실현수익	

매수가		매도가		목표가		손절가	

공략 계획				
매수일	1차 /	2차 /	3차 /	매수근거
매수가				
수량				
비고				

대응 전략	수익실현/추가매수/손절			
매도일	1차 /	2차 /	3차 /	매도근거
매도가				
수량				
비고				

매매 평가	

매매일지

종목명		비중	승 / 패	실현수익	

매수가		매도가		목표가		손절가	

공략 계획				
매수일	1차 /	2차 /	3차 /	매수근거
매수가				
수량				
비고				

대응 전략	수익실현/추가매수/손절			
매도일	1차 /	2차 /	3차 /	매도근거
매도가				
수량				
비고				

매매 평가	

종목명			비중	승 / 패		실현수익	
매수가		매도가		목표가		손절가	

공략 계획				
매수일	1차 /	2차 /	3차 /	매수근거
매수가				
수량				
비고				

대응 전략	수익실현/추가매수/손절			
매도일	1차 /	2차 /	3차 /	매도근거
매도가				
수량				
비고				

매매 평가	

매매일지

종목명		비중	승 / 패	실현수익	
매수가		매도가		목표가		손절가	

공략 계획				
매수일	1차 /	2차 /	3차 /	매수근거
매수가				
수량				
비고				

대응 전략	수익실현/추가매수/손절			
매도일	1차 /	2차 /	3차 /	매도근거
매도가				
수량				
비고				

매매 평가	

종목명			비중	승 / 패	실현수익	
매수가		매도가		목표가		손절가	

공략 계획				
매수일	1차 /	2차 /	3차 /	매수근거
매수가				
수량				
비고				

대응 전략	수익실현/추가매수/손절			
매도일	1차 /	2차 /	3차 /	매도근거
매도가				
수량				
비고				

매매 평가	

매매일지

종목명			비중	승 / 패	실현수익	
매수가		매도가		목표가		손절가	

공략 계획				
매수일	1차 /	2차 /	3차 /	매수근거
매수가				
수량				
비고				

대응 전략	수익실현/추가매수/손절			
매도일	1차 /	2차 /	3차 /	매도근거
매도가				
수량				
비고				

매매 평가	

종목명			비중	승 / 패	실현수익	
매수가		매도가		목표가	손절가	

공략 계획				
매수일	1차 /	2차 /	3차 /	매수근거
매수가				
수량				
비고				

대응 전략	수익실현/추가매수/손절			
매도일	1차 /	2차 /	3차 /	매도근거
매도가				
수량				
비고				

매매 평가	

매매일지

종목명			비중	승 / 패	실현수익	
매수가		매도가		목표가	손절가	

공략 계획				
매수일	1차 /	2차 /	3차 /	매수근거
매수가				
수량				
비고				

대응 전략	수익실현/추가매수/손절			
매도일	1차 /	2차 /	3차 /	매도근거
매도가				
수량				
비고				

매매 평가	

종목명		비중	승 / 패	실현수익	

매수가		매도가		목표가		손절가	

공략 계획				
매수일	1차 /	2차 /	3차 /	매수근거
매수가				
수량				
비고				

대응 전략	수익실현/추가매수/손절			
매도일	1차 /	2차 /	3차 /	매도근거
매도가				
수량				
비고				

매매 평가	

매매일지

종목명			비중	승 / 패		실현수익	
매수가		매도가		목표가		손절가	

공략 계획				
매수일	1차 /	2차 /	3차 /	매수근거
매수가				
수량				
비고				

대응 전략	수익실현/추가매수/손절			
매도일	1차 /	2차 /	3차 /	매도근거
매도가				
수량				
비고				

매매 평가	

종목명		비중	승 / 패	실현수익	

매수가		매도가		목표가		손절가	

공략 계획				
매수일	1차 /	2차 /	3차 /	매수근거
매수가				
수량				
비고				

대응 전략	수익실현/추가매수/손절			
매도일	1차 /	2차 /	3차 /	매도근거
매도가				
수량				
비고				

매매 평가	

매매일지

종목명			비중	승 / 패	실현수익	
매수가		매도가		목표가		손절가	

공략 계획				
매수일	1차 /	2차 /	3차 /	매수근거
매수가				
수량				
비고				

대응 전략	수익실현/추가매수/손절			
매도일	1차 /	2차 /	3차 /	매도근거
매도가				
수량				
비고				

매매 평가	

종목명		비중	승 / 패	실현수익	
매수가		매도가		목표가		손절가	

공략 계획				
매수일	1차 /	2차 /	3차 /	매수근거
매수가				
수량				
비고				

대응 전략	수익실현/추가매수/손절			
매도일	1차 /	2차 /	3차 /	매도근거
매도가				
수량				
비고				

매매 평가	

매매일지

종목명			비중	승 / 패		실현수익	
매수가		매도가		목표가		손절가	

공략 계획				
매수일	1차 /	2차 /	3차 /	매수근거
매수가				
수량				
비고				

대응 전략	수익실현/추가매수/손절			
매도일	1차 /	2차 /	3차 /	매도근거
매도가				
수량				
비고				

매매 평가	

종목명			비중	승 / 패	실현수익	
매수가		매도가		목표가		손절가	

공략 계획				
매수일	1차 /	2차 /	3차 /	매수근거
매수가				
수량				
비고				

대응 전략	수익실현/추가매수/손절			
매도일	1차 /	2차 /	3차 /	매도근거
매도가				
수량				
비고				

매매 평가	

매매일지

종목명		비중	승 / 패	실현수익	

매수가		매도가		목표가		손절가	

공략 계획	

매수일	1차 /	2차 /	3차 /	매수근거
매수가				
수량				
비고				

대응 전략	수익실현/추가매수/손절

매도일	1차 /	2차 /	3차 /	매도근거
매도가				
수량				
비고				

매매 평가	

종목명			비중	승 / 패	실현수익	
매수가		매도가		목표가		손절가	

공략 계획				
매수일	1차 /	2차 /	3차 /	매수근거
매수가				
수량				
비고				

대응 전략	수익실현/추가매수/손절			
매도일	1차 /	2차 /	3차 /	매도근거
매도가				
수량				
비고				

매매 평가	

매매일지

종목명		비중	승 / 패	실현수익	

매수가		매도가		목표가		손절가	

공략 계획	

매수일	1차 /	2차 /	3차 /	매수근거
매수가				
수량				
비고				

대응 전략	수익실현/추가매수/손절

매도일	1차 /	2차 /	3차 /	매도근거
매도가				
수량				
비고				

매매 평가	

종목명		비중	승 / 패	실현수익	
매수가		매도가		목표가		손절가	

공략 계획				
매수일	1차 /	2차 /	3차 /	매수근거
매수가				
수량				
비고				

대응 전략	수익실현/추가매수/손절			
매도일	1차 /	2차 /	3차 /	매도근거
매도가				
수량				
비고				

매매 평가	

매매일지

종목명			비중	승 / 패	실현수익	
매수가		매도가		목표가	손절가	

공략 계획				
매수일	1차 /	2차 /	3차 /	매수근거
매수가				
수량				
비고				

대응 전략	수익실현/추가매수/손절			
매도일	1차 /	2차 /	3차 /	매도근거
매도가				
수량				
비고				

매매 평가	

종목명			비중	승 / 패	실현수익	
매수가		매도가		목표가		손절가	

공략 계획				
매수일	1차 /	2차 /	3차 /	매수근거
매수가				
수량				
비고				

대응 전략	수익실현/추가매수/손절			
매도일	1차 /	2차 /	3차 /	매도근거
매도가				
수량				
비고				

매매 평가	

매매일지

종목명			비중	승 / 패	실현수익	
매수가		매도가		목표가		손절가	

공략 계획				
매수일	1차 /	2차 /	3차 /	매수근거
매수가				
수량				
비고				

대응 전략	수익실현/추가매수/손절			
매도일	1차 /	2차 /	3차 /	매도근거
매도가				
수량				
비고				

매매 평가	

종목명			비중	승 / 패		실현수익	
매수가		매도가		목표가		손절가	

공략 계획				
매수일	1차 /	2차 /	3차 /	매수근거
매수가				
수량				
비고				

대응 전략	수익실현/추가매수/손절			
매도일	1차 /	2차 /	3차 /	매도근거
매도가				
수량				
비고				

매매 평가	

매매일지

종목명			비중	승 / 패		실현수익	
매수가		매도가		목표가		손절가	

공략 계획				
매수일	1차 /	2차 /	3차 /	매수근거
매수가				
수량				
비고				

대응 전략	수익실현/추가매수/손절			
매도일	1차 /	2차 /	3차 /	매도근거
매도가				
수량				
비고				

매매 평가	

종목명			비중	승 / 패	실현수익	
매수가		매도가		목표가	손절가	

공략 계획	

매수일	1차 /	2차 /	3차 /	매수근거
매수가				
수량				
비고				

대응 전략	수익실현/추가매수/손절

매도일	1차 /	2차 /	3차 /	매도근거
매도가				
수량				
비고				

매매 평가	

매매일지

종목명			비중	승 / 패	실현수익	
매수가		매도가		목표가	손절가	

공략 계획				
매수일	1차 /	2차 /	3차 /	매수근거
매수가				
수량				
비고				

대응 전략	수익실현/추가매수/손절			
매도일	1차 /	2차 /	3차 /	매도근거
매도가				
수량				
비고				

매매 평가	

종목명			비중	승 / 패	실현수익	
매수가		매도가		목표가	손절가	

공략 계획				
매수일	1차 /	2차 /	3차 /	매수근거
매수가				
수량				
비고				

대응 전략	수익실현/추가매수/손절			
매도일	1차 /	2차 /	3차 /	매도근거
매도가				
수량				
비고				

매매 평가	

매매일지

종목명			비중	승 / 패	실현수익	
매수가		매도가		목표가		손절가	

공략 계획				
매수일	1차 /	2차 /	3차 /	매수근거
매수가				
수량				
비고				

대응 전략	수익실현/추가매수/손절			
매도일	1차 /	2차 /	3차 /	매도근거
매도가				
수량				
비고				

매매 평가	

종목명			비중	승 / 패		실현수익	
매수가		매도가		목표가		손절가	

공략 계획				
매수일	1차 /	2차 /	3차 /	매수근거
매수가				
수량				
비고				

대응 전략	수익실현/추가매수/손절			
매도일	1차 /	2차 /	3차 /	매도근거
매도가				
수량				
비고				

매매 평가	

매매일지

종목명			비중	승 / 패	실현수익	
매수가		매도가		목표가	손절가	

공략 계획				
매수일	1차 /	2차 /	3차 /	매수근거
매수가				
수량				
비고				

대응 전략	수익실현/추가매수/손절			
매도일	1차 /	2차 /	3차 /	매도근거
매도가				
수량				
비고				

매매 평가	

종목명		비중	승 / 패	실현수익	
매수가		매도가		목표가		손절가	

공략 계획				
매수일	1차 /	2차 /	3차 /	매수근거
매수가				
수량				
비고				

대응 전략	수익실현/추가매수/손절			
매도일	1차 /	2차 /	3차 /	매도근거
매도가				
수량				
비고				

매매 평가	

매매일지

종목명			비중	승 / 패	실현수익	
매수가		매도가		목표가		손절가	

공략 계획				
매수일	1차 /	2차 /	3차 /	매수근거
매수가				
수량				
비고				

대응 전략	수익실현/추가매수/손절			
매도일	1차 /	2차 /	3차 /	매도근거
매도가				
수량				
비고				

매매 평가	

종목명			비중	승 / 패		실현수익	
매수가		매도가		목표가		손절가	

공략 계획				
매수일	1차 /	2차 /	3차 /	매수근거
매수가				
수량				
비고				

대응 전략	수익실현/추가매수/손절			
매도일	1차 /	2차 /	3차 /	매도근거
매도가				
수량				
비고				

매매 평가	

매매일지

종목명			비중	승 / 패	실현수익	
매수가		매도가		목표가	손절가	

공략 계획				
매수일	1차 /	2차 /	3차 /	매수근거
매수가				
수량				
비고				

대응 전략	수익실현/추가매수/손절			
매도일	1차 /	2차 /	3차 /	매도근거
매도가				
수량				
비고				

매매 평가	

종목명		비중	승 / 패	실현수익	

매수가		매도가		목표가		손절가	

공략 계획				
매수일	1차 /	2차 /	3차 /	매수근거
매수가				
수량				
비고				

대응 전략	수익실현/추가매수/손절			
매도일	1차 /	2차 /	3차 /	매도근거
매도가				
수량				
비고				

매매 평가	

매매일지

종목명			비중	승 / 패	실현수익	
매수가		매도가		목표가		손절가	

공략 계획				
매수일	1차 /	2차 /	3차 /	매수근거
매수가				
수량				
비고				

대응 전략	수익실현/추가매수/손절			
매도일	1차 /	2차 /	3차 /	매도근거
매도가				
수량				
비고				

매매 평가	

종목명			비중	승 / 패	실현수익	
매수가		매도가		목표가	손절가	

공략 계획				
매수일	1차 /	2차 /	3차 /	매수근거
매수가				
수량				
비고				

대응 전략	수익실현/추가매수/손절			
매도일	1차 /	2차 /	3차 /	매도근거
매도가				
수량				
비고				

매매 평가	

매매일지

종목명			비중	승 / 패	실현수익	
매수가		매도가		목표가	손절가	

공략 계획				
매수일	1차 /	2차 /	3차 /	매수근거
매수가				
수량				
비고				

대응 전략	수익실현/추가매수/손절			
매도일	1차 /	2차 /	3차 /	매도근거
매도가				
수량				
비고				

매매 평가	

종목명			비중	승 / 패	실현수익	
매수가		매도가		목표가	손절가	

공략 계획				
매수일	1차 /	2차 /	3차 /	매수근거
매수가				
수량				
비고				

대응 전략	수익실현/추가매수/손절			
매도일	1차 /	2차 /	3차 /	매도근거
매도가				
수량				
비고				

매매 평가	

매매일지

종목명			비중	승 / 패	실현수익	
매수가		매도가		목표가		손절가	

공략 계획				
매수일	1차 /	2차 /	3차 /	매수근거
매수가				
수량				
비고				

대응 전략	수익실현/추가매수/손절			
매도일	1차 /	2차 /	3차 /	매도근거
매도가				
수량				
비고				

매매 평가	

종목명			비중	승 / 패	실현수익	
매수가		매도가		목표가	손절가	

공략 계획				
매수일	1차 /	2차 /	3차 /	매수근거
매수가				
수량				
비고				

대응 전략	수익실현/추가매수/손절			
매도일	1차 /	2차 /	3차 /	매도근거
매도가				
수량				
비고				

매매 평가	

매매일지

종목명			비중	승 / 패	실현수익	
매수가		매도가		목표가		손절가	

공략 계획				
매수일	1차 /	2차 /	3차 /	매수근거
매수가				
수량				
비고				

대응 전략	수익실현/추가매수/손절			
매도일	1차 /	2차 /	3차 /	매도근거
매도가				
수량				
비고				

매매 평가	

종목명			비중	승 / 패	실현수익	
매수가		매도가		목표가	손절가	

공략 계획				
매수일	1차 /	2차 /	3차 /	매수근거
매수가				
수량				
비고				

대응 전략	수익실현/추가매수/손절			
매도일	1차 /	2차 /	3차 /	매도근거
매도가				
수량				
비고				

매매 평가	

매매일지

종목명			비중	승 / 패	실현수익	
매수가		매도가		목표가		손절가	

공략 계획				
매수일	1차 /	2차 /	3차 /	매수근거
매수가				
수량				
비고				

대응 전략	수익실현/추가매수/손절			
매도일	1차 /	2차 /	3차 /	매도근거
매도가				
수량				
비고				

매매 평가	

종목명		비중	승 / 패	실현수익	
매수가		매도가		목표가		손절가	

공략 계획				
매수일	1차 /	2차 /	3차 /	매수근거
매수가				
수량				
비고				

대응 전략	수익실현/추가매수/손절			
매도일	1차 /	2차 /	3차 /	매도근거
매도가				
수량				
비고				

매매 평가	

매매일지

종목명		비중	승 / 패	실현수익	

매수가		매도가		목표가		손절가	

공략 계획				
매수일	1차 /	2차 /	3차 /	매수근거
매수가				
수량				
비고				

대응 전략	수익실현/추가매수/손절			
매도일	1차 /	2차 /	3차 /	매도근거
매도가				
수량				
비고				

매매 평가	

종목명			비중	승 / 패		실현수익	
매수가		매도가		목표가		손절가	

공략 계획				
매수일	1차 /	2차 /	3차 /	매수근거
매수가				
수량				
비고				

대응 전략	수익실현/추가매수/손절			
매도일	1차 /	2차 /	3차 /	매도근거
매도가				
수량				
비고				

매매 평가	

매매일지

종목명			비중	승 / 패	실현수익	
매수가		매도가		목표가	손절가	

공략 계획				
매수일	1차 /	2차 /	3차 /	매수근거
매수가				
수량				
비고				

대응 전략	수익실현/추가매수/손절			
매도일	1차 /	2차 /	3차 /	매도근거
매도가				
수량				
비고				

매매 평가	

종목명		비중	승 / 패	실현수익	
매수가		매도가		목표가		손절가	

공략 계획				
매수일	1차 /	2차 /	3차 /	매수근거
매수가				
수량				
비고				

대응 전략	수익실현/추가매수/손절			
매도일	1차 /	2차 /	3차 /	매도근거
매도가				
수량				
비고				

매매 평가	

매매일지

종목명			비중	승 / 패		실현수익	
매수가		매도가		목표가		손절가	

공략 계획				
매수일	1차 /	2차 /	3차 /	매수근거
매수가				
수량				
비고				

대응 전략	수익실현/추가매수/손절			
매도일	1차 /	2차 /	3차 /	매도근거
매도가				
수량				
비고				

매매 평가	

종목명		비중	승 / 패	실현수익	

매수가		매도가		목표가		손절가	

공략계획				
매수일	1차 /	2차 /	3차 /	매수근거
매수가				
수량				
비고				

대응전략	수익실현/추가매수/손절			
매도일	1차 /	2차 /	3차 /	매도근거
매도가				
수량				
비고				

매매평가	

매매일지

종목명			비중	승 / 패	실현수익	
매수가		매도가		목표가		손절가	

공략 계획				
매수일	1차 /	2차 /	3차 /	매수근거
매수가				
수량				
비고				

대응 전략	수익실현/추가매수/손절			
매도일	1차 /	2차 /	3차 /	매도근거
매도가				
수량				
비고				

매매 평가	

종목명		비중	승 / 패	실현수익	
매수가		매도가		목표가		손절가	

공략 계획				
매수일	1차 /	2차 /	3차 /	매수근거
매수가				
수량				
비고				

대응 전략	수익실현/추가매수/손절			
매도일	1차 /	2차 /	3차 /	매도근거
매도가				
수량				
비고				

매매 평가	

매매일지

종목명			비중	승 / 패		실현수익	
매수가		매도가		목표가		손절가	

공략 계획				
매수일	1차 /	2차 /	3차 /	매수근거
매수가				
수량				
비고				

대응 전략	수익실현/추가매수/손절			
매도일	1차 /	2차 /	3차 /	매도근거
매도가				
수량				
비고				

매매 평가	

종목명			비중	승 / 패	실현수익	
매수가		매도가		목표가		손절가	

공략 계획	

매수일	1차 /	2차 /	3차 /	매수근거
매수가				
수량				
비고				

대응 전략	수익실현/추가매수/손절

매도일	1차 /	2차 /	3차 /	매도근거
매도가				
수량				
비고				

매매 평가	

매매일지

종목명		비중	승 / 패	실현수익	
매수가		매도가		목표가		손절가	

공략 계획				
매수일	1차 /	2차 /	3차 /	매수근거
매수가				
수량				
비고				

대응 전략	수익실현/추가매수/손절			
매도일	1차 /	2차 /	3차 /	매도근거
매도가				
수량				
비고				

매매 평가	

종목명			비중	승 / 패		실현수익	
매수가		매도가		목표가		손절가	

공략 계획				
매수일	1차 /	2차 /	3차 /	매수근거
매수가				
수량				
비고				

대응 전략	수익실현/추가매수/손절			
매도일	1차 /	2차 /	3차 /	매도근거
매도가				
수량				
비고				

매매 평가	

매매일지

종목명			비중	승 / 패	실현수익	
매수가		매도가		목표가		손절가	

공략 계획				
매수일	1차 /	2차 /	3차 /	매수근거
매수가				
수량				
비고				

대응 전략	수익실현/추가매수/손절			
매도일	1차 /	2차 /	3차 /	매도근거
매도가				
수량				
비고				

매매 평가	

종목명		비중	승 / 패	실현수익	

매수가		매도가		목표가		손절가	

공략 계획	

매수일	1차 /	2차 /	3차 /	매수근거
매수가				
수량				
비고				

대응 전략	수익실현/추가매수/손절

매도일	1차 /	2차 /	3차 /	매도근거
매도가				
수량				
비고				

매매 평가	

매매일지

종목명			비중	승 / 패	실현수익	
매수가		매도가		목표가		손절가	

공략 계획				
매수일	1차 /	2차 /	3차 /	매수근거
매수가				
수량				
비고				

대응 전략	수익실현/추가매수/손절			
매도일	1차 /	2차 /	3차 /	매도근거
매도가				
수량				
비고				

매매 평가	

종목명			비중	승 / 패	실현수익	
매수가		매도가		목표가		손절가	

공략 계획	

매수일	1차 /	2차 /	3차 /	매수근거
매수가				
수량				
비고				

대응 전략	수익실현/추가매수/손절

매도일	1차 /	2차 /	3차 /	매도근거
매도가				
수량				
비고				

매매 평가	

매매일지

종목명			비중	승 / 패	실현수익	
매수가		매도가		목표가	손절가	

공략 계획				
매수일	1차 /	2차 /	3차 /	매수근거
매수가				
수량				
비고				

대응 전략	수익실현/추가매수/손절			
매도일	1차 /	2차 /	3차 /	매도근거
매도가				
수량				
비고				

매매 평가	

종목명		비중	승 / 패	실현수익	
매수가		매도가	목표가	손절가	

공략 계획				
매수일	1차 /	2차 /	3차 /	매수근거
매수가				
수량				
비고				

대응 전략	수익실현/추가매수/손절			
매도일	1차 /	2차 /	3차 /	매도근거
매도가				
수량				
비고				

매매 평가	

매매일지

종목명			비중	승 / 패	실현수익	
매수가		매도가		목표가		손절가	

공략 계획				
매수일	1차 /	2차 /	3차 /	매수근거
매수가				
수량				
비고				

대응 전략	수익실현/추가매수/손절			
매도일	1차 /	2차 /	3차 /	매도근거
매도가				
수량				
비고				

매매 평가	

종목명			비중	승 / 패	실현수익	
매수가		매도가		목표가		손절가	

공략 계획				
매수일	1차 /	2차 /	3차 /	매수근거
매수가				
수량				
비고				

대응 전략	수익실현/추가매수/손절			
매도일	1차 /	2차 /	3차 /	매도근거
매도가				
수량				
비고				

매매 평가	

매매일지

종목명		비중	승 / 패	실현수익	
매수가		매도가		목표가		손절가	

공략 계획				
매수일	1차 /	2차 /	3차 /	매수근거
매수가				
수량				
비고				

대응 전략	수익실현/추가매수/손절			
매도일	1차 /	2차 /	3차 /	매도근거
매도가				
수량				
비고				

매매 평가	

종목명			비중	승 / 패	실현수익	
매수가		매도가		목표가	손절가	

공략 계획				
매수일	1차 /	2차 /	3차 /	매수근거
매수가				
수량				
비고				

대응 전략	수익실현/추가매수/손절			
매도일	1차 /	2차 /	3차 /	매도근거
매도가				
수량				
비고				

매매 평가	

매매일지

종목명			비중	승 / 패	실현수익	
매수가		매도가		목표가		손절가	

공략 계획				
매수일	1차 /	2차 /	3차 /	매수근거
매수가				
수량				
비고				

대응 전략	수익실현/추가매수/손절			
매도일	1차 /	2차 /	3차 /	매도근거
매도가				
수량				
비고				

매매 평가	

종목명			비중	승 / 패	실현수익	
매수가		매도가		목표가		손절가	

공략 계획				
매수일	1차 /	2차 /	3차 /	매수근거
매수가				
수량				
비고				

대응 전략	수익실현/추가매수/손절			
매도일	1차 /	2차 /	3차 /	매도근거
매도가				
수량				
비고				

매매 평가	

매매일지

종목명			비중	승 / 패	실현수익	
매수가		매도가		목표가	손절가	

공략 계획				
매수일	1차 /	2차 /	3차 /	매수근거
매수가				
수량				
비고				

대응 전략	수익실현/추가매수/손절			
매도일	1차 /	2차 /	3차 /	매도근거
매도가				
수량				
비고				

매매 평가	

종목명		비중	승 / 패	실현수익	
매수가		매도가		목표가		손절가	

공략 계획	

매수일	1차 /	2차 /	3차 /	매수근거
매수가				
수량				
비고				

대응 전략	수익실현/추가매수/손절

매도일	1차 /	2차 /	3차 /	매도근거
매도가				
수량				
비고				

매매 평가	

매매일지

종목명		비중	승 / 패	실현수익	
매수가		매도가		목표가		손절가	

공략 계획				
매수일	1차 /	2차 /	3차 /	매수근거
매수가				
수량				
비고				

대응 전략	수익실현/추가매수/손절			
매도일	1차 /	2차 /	3차 /	매도근거
매도가				
수량				
비고				

매매 평가	

종목명			비중	승 / 패	실현수익	
매수가		매도가		목표가	손절가	

공략 계획				
매수일	1차 /	2차 /	3차 /	매수근거
매수가				
수량				
비고				

대응 전략	수익실현/추가매수/손절			
매도일	1차 /	2차 /	3차 /	매도근거
매도가				
수량				
비고				

매매 평가	

매매일지

종목명			비중	승 / 패	실현수익	
매수가		매도가		목표가		손절가	

공략 계획				
매수일	1차 /	2차 /	3차 /	매수근거
매수가				
수량				
비고				

대응 전략	수익실현/추가매수/손절			
매도일	1차 /	2차 /	3차 /	매도근거
매도가				
수량				
비고				

매매 평가	

종목명		비중	승 / 패	실현수익	

매수가		매도가		목표가		손절가	

공략 계획				
매수일	1차 /	2차 /	3차 /	매수근거
매수가				
수량				
비고				

대응 전략	수익실현/추가매수/손절			
매도일	1차 /	2차 /	3차 /	매도근거
매도가				
수량				
비고				

매매 평가	

매매일지

종목명		비중	승 / 패	실현수익	

매수가		매도가		목표가		손절가	

공략 계획				
매수일	1차 /	2차 /	3차 /	매수근거
매수가				
수량				
비고				

대응 전략	수익실현/추가매수/손절			
매도일	1차 /	2차 /	3차 /	매도근거
매도가				
수량				
비고				

매매 평가	

종목명			비중	승 / 패	실현수익	
매수가		매도가		목표가	손절가	

공략 계획				
매수일	1차 /	2차 /	3차 /	매수근거
매수가				
수량				
비고				

대응 전략	수익실현/추가매수/손절			
매도일	1차 /	2차 /	3차 /	매도근거
매도가				
수량				
비고				

매매 평가	

월간수익률

날 짜	/	/	/	/	/	/
수익률	%	%	%	%	%	%
금 액	원	원	원	원	원	원
날 짜	/	/	/	/	/	/
수익률	%	%	%	%	%	%
금 액	원	원	원	원	원	원
날 짜	/	/	/	/	/	/
수익률	%	%	%	%	%	%
금 액	원	원	원	원	원	원
날 짜	/	/	/	/	/	/
수익률	%	%	%	%	%	%
금 액	원	원	원	원	원	원

날 짜	/	/	/	/	/	/
수익률	%	%	%	%	%	%
금 액	원	원	원	원	원	원
날 짜	/	/	/	/	/	/
수익률	%	%	%	%	%	%
금 액	원	원	원	원	원	원
날 짜	/	/	/	/	/	/
수익률	%	%	%	%	%	%
금 액	원	원	원	원	원	원
날 짜	/	/	/	/	/	/
수익률	%	%	%	%	%	%
금 액	원	원	원	원	원	원

날 짜	/	/	/	/	/	/
수익률	%	%	%	%	%	%
금 액	원	원	원	원	원	원
날 짜	/	/	/	/	/	/
수익률	%	%	%	%	%	%
금 액	원	원	원	원	원	원
날 짜	/	/	/	/	/	/
수익률	%	%	%	%	%	%
금 액	원	원	원	원	원	원
날 짜	/	/	/	/	/	/
수익률	%	%	%	%	%	%
금 액	원	원	원	원	원	원

날 짜	/	/	/	/	/	/
수익률	%	%	%	%	%	%
금 액	원	원	원	원	원	원
날 짜	/	/	/	/	/	/
수익률	%	%	%	%	%	%
금 액	원	원	원	원	원	원
날 짜	/	/	/	/	/	/
수익률	%	%	%	%	%	%
금 액	원	원	원	원	원	원
날 짜	/	/	/	/	/	/
수익률	%	%	%	%	%	%
금 액	원	원	원	원	원	원

월간수익률

날 짜	/	/	/	/	/	/
수익률	%	%	%	%	%	%
금 액	원	원	원	원	원	원
날 짜	/	/	/	/	/	/
수익률	%	%	%	%	%	%
금 액	원	원	원	원	원	원
날 짜	/	/	/	/	/	/
수익률	%	%	%	%	%	%
금 액	원	원	원	원	원	원
날 짜	/	/	/	/	/	/
수익률	%	%	%	%	%	%
금 액	원	원	원	원	원	원

날 짜	/	/	/	/	/	/
수익률	%	%	%	%	%	%
금 액	원	원	원	원	원	원
날 짜	/	/	/	/	/	/
수익률	%	%	%	%	%	%
금 액	원	원	원	원	원	원
날 짜	/	/	/	/	/	/
수익률	%	%	%	%	%	%
금 액	원	원	원	원	원	원
날 짜	/	/	/	/	/	/
수익률	%	%	%	%	%	%
금 액	원	원	원	원	원	원

날 짜	/	/	/	/	/	/
수익률	%	%	%	%	%	%
금 액	원	원	원	원	원	원
날 짜	/	/	/	/	/	/
수익률	%	%	%	%	%	%
금 액	원	원	원	원	원	원
날 짜	/	/	/	/	/	/
수익률	%	%	%	%	%	%
금 액	원	원	원	원	원	원
날 짜	/	/	/	/	/	/
수익률	%	%	%	%	%	%
금 액	원	원	원	원	원	원

날 짜	/	/	/	/	/	/
수익률	%	%	%	%	%	%
금 액	원	원	원	원	원	원
날 짜	/	/	/	/	/	/
수익률	%	%	%	%	%	%
금 액	원	원	원	원	원	원
날 짜	/	/	/	/	/	/
수익률	%	%	%	%	%	%
금 액	원	원	원	원	원	원
날 짜	/	/	/	/	/	/
수익률	%	%	%	%	%	%
금 액	원	원	원	원	원	원

월간수익률

날 짜	/	/	/	/	/	/
수익률	%	%	%	%	%	%
금 액	원	원	원	원	원	원
날 짜	/	/	/	/	/	/
수익률	%	%	%	%	%	%
금 액	원	원	원	원	원	원
날 짜	/	/	/	/	/	/
수익률	%	%	%	%	%	%
금 액	원	원	원	원	원	원
날 짜	/	/	/	/	/	/
수익률	%	%	%	%	%	%
금 액	원	원	원	원	원	원

날 짜	/	/	/	/	/	/
수익률	%	%	%	%	%	%
금 액	원	원	원	원	원	원
날 짜	/	/	/	/	/	/
수익률	%	%	%	%	%	%
금 액	원	원	원	원	원	원
날 짜	/	/	/	/	/	/
수익률	%	%	%	%	%	%
금 액	원	원	원	원	원	원
날 짜	/	/	/	/	/	/
수익률	%	%	%	%	%	%
금 액	원	원	원	원	원	원

날 짜	/	/	/	/	/	/
수익률	%	%	%	%	%	%
금 액	원	원	원	원	원	원
날 짜	/	/	/	/	/	/
수익률	%	%	%	%	%	%
금 액	원	원	원	원	원	원
날 짜	/	/	/	/	/	/
수익률	%	%	%	%	%	%
금 액	원	원	원	원	원	원
날 짜	/	/	/	/	/	/
수익률	%	%	%	%	%	%
금 액	원	원	원	원	원	원

날 짜	/	/	/	/	/	/
수익률	%	%	%	%	%	%
금 액	원	원	원	원	원	원
날 짜	/	/	/	/	/	/
수익률	%	%	%	%	%	%
금 액	원	원	원	원	원	원
날 짜	/	/	/	/	/	/
수익률	%	%	%	%	%	%
금 액	원	원	원	원	원	원
날 짜	/	/	/	/	/	/
수익률	%	%	%	%	%	%
금 액	원	원	원	원	원	원

나의 수익 그래프

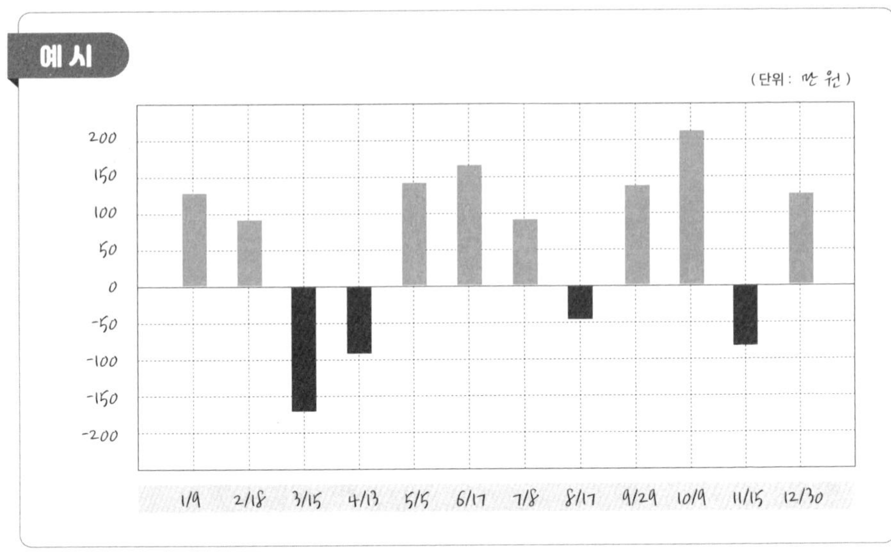

예시
(단위 : 만 원)
200
150
100
50
0
-50
-100
-150
-200
1/9 2/18 3/15 4/13 5/5 6/17 7/8 8/17 9/29 10/9 11/15 12/30

(단위 :)

(단위 :   )

(단위 :   )